Tita Kern

Wenn das Leben kippt

Tita Kern

Wenn das Leben kippt

Ein hilfreicher Kompass für Eltern in Lebenskrisen

Mit Illustrationen von SaBine Büchner

Kösel

Sollte diese Publikation Links auf Webseiten Dritter enthalten, so übernehmen wir für deren Inhalte keine Haftung, da wir uns diese nicht zu eigen machen, sondern lediglich auf deren Stand zum Zeitpunkt der Erstveröffentlichung verweisen.

Autorin und Verlag haben sich bemüht, eine gendergerechte Schreibweise umzusetzen. Konnte dies aus Gründen der leichteren Lesbarkeit nicht durchgängig eingehalten werden, sind bei der Verwendung entsprechender geschlechtsspezifischer Begriffe im Sinne der Gleichbehandlung jedoch ausdrücklich alle Geschlechter angesprochen.

Penguin Random House Verlagsgruppe FSC® N001967

Umschlag: Weiss Werkstatt München
Umschlagmotiv: SaBine Büchner, Berlin
Unter Mitarbeit von Ina Raki, www.ina-raki.de
Redaktion: Dr. Franziska Roosen
Satz: Uhl + Massopust, Aalen
Druck und Bindung: CPI books GmbH, Leck
Printed in Germany
ISBN 978-3-466-37280-5
www.koesel.de

Inhalt

Für Mutsch

Du hast uns einen eigenen Kopf vorgelebt und auch,
bei Schwierigkeiten ohne Zögern zusammenzustehen.
Du hast uns beigebracht, dass nichts, »was mit Wasser und
Seife zu reparieren ist«, jemals schlimm ist und einfach
loszulegen, wenn es etwas zu tun gibt.
Danke

Vorwort

Es gibt zahllose Blickwinkel auf das Thema Krise und auf das, was hilft – viele persönliche und viele professionelle. Dieses Buch ist aus einer Mischung von Erkenntnissen, Lehren und eigenen Erfahrungen entstanden, die über die Jahre mein Herz berührt und mich inspiriert haben.

An erster Stelle stehen dabei die Eltern und Bezugspersonen, die in den letzten 15 Jahren durch die AETAS Kinderstiftung begleitet wurden und an deren Wegen ich teilhaben durfte. Sie haben mir wieder und wieder eindrucksvoll gezeigt, wie trotz widrigster Umstände ein Schritt nach dem anderen gelingen kann.

An zweiter Stelle stehen die Lehrer*innen, die meinen beruflichen Weg beeinflusst haben, von deren Weisheit und praktischer Erfahrung ich profitieren und deren Erkenntnisse ich nutzen durfte.

An dritter Stelle stehen meine eigenen Erfahrungen mit den Krisen, die mein Leben erschüttert haben. Ich hatte das große Glück, Menschen an meiner Seite zu haben, von denen ich lernen und auf die ich mich stützen durfte – Menschen, die mich ermutigt, mich beruhigt und zur richtigen Zeit angeschubst haben, sodass ich weitergehen konnte, wenn es unmöglich erschien.

So trägt dieses Buch zwar meinen Namen, fußt aber auf dem Wissen vieler. Mehr als zwei Jahrzehnte berufliche Erfahrung sind in diesen Ratgeber genauso eingeflossen wie wissenschaftliche Erkenntnisse, bewährte Beratungskonzepte und Weltsichten. Trauen Sie also Ihrer Wahrnehmung, wenn Sie beim Lesen den Eindruck haben, Inhalte aus der Psychotraumatologie, der Resilienzforschung, der Polyvagaltheorie, der Achtsamkeitspraxis und der buddhistischen Psychologie wiederzuerkennen. Vielleicht haben Sie Lust weiterzulesen. Eine Auswahl an Literatur zum Thema, die dieses Buch beeinflusst und mir gefallen hat, finden Sie im Anhang.

Der Begriff »Eltern« schließt in diesem Buch und in meinem Verständnis alle Menschen ein, die ihr Leben mit einem Kind teilen und für es sorgen. Sie alle tragen im besten Wortsinn Elterliches in sich, für sie alle ist dieses Buch.

Einleitung

Wir alle haben ein mehr oder weniger deutliches Bild davon, wie wir uns das Leben vorstellen, wie wir selbst sein möchten und was wir uns für unsere Kinder wünschen. Ein Bild, dem wir – das ist ganz normal – im Laufe unseres Lebens immer wieder einmal mehr, ein anderes Mal weniger nahekommen. Nach Schicksalsschlägen oder in Lebenskrisen jedoch kann es manchmal in so weite Ferne rücken, dass wir eine ganz neue Sicht auf uns und die Welt lernen müssen. Dann geht es darum, unter veränderten Vorzeichen weiterzugehen und uns anzupassen an das, was nun ist, selbst wenn wir es so nie gewollt haben.

Wie gelingt es Menschen in stürmischen Zeiten, einen so festen Stand zu erlangen und sich so flexibel auf die Anforderungen der Krise einzustellen, dass sie durchstehen, was das Leben ihnen abverlangt? Oder dass sie sogar gestärkt, mit neuen Erkenntnissen oder tieferen Beziehungen daraus hervorgehen? Die Antworten auf diese Fragen sind vielschichtig und bilden die Basis für das Bild des inneren Kompasses, das sich als roter Faden durch dieses Buch ziehen wird. Es soll nicht nur verdeutlichen, wie innere Stabilität und Flexibilität entstehen, sondern auch, was wir selbst dazu beitragen können.

Der erste Teil des Buches – »Der innere Kompass – wie wir uns im Leben zurechtfinden« – erklärt das Modell und wendet sich dem Thema Lebenskrisen und ihrer Bedeutung zu. Selbsttests helfen bei der Entdeckung des eigenen »inneren Kompasses«.

Im zweiten Teil mit dem Titel »Stabil werden – beweglich bleiben« wird es praktisch. Welche Strategien, Tipps und Übungen geben Anregungen, wie Sie Ihre Krisenkompetenzen stärken und Ihrer Familie dabei helfen können, zu mehr Gleichgewicht zu finden?

Der dritte Teil steht unter der Überschrift »Grenzen der Belastbarkeit erkennen«. Er vermittelt das Wissen, das Sie brauchen, wenn Ihre Belastungsgrenze überschritten ist. Er geht sowohl darauf ein, wie Sie erkennen, dass Ihre Kraft erschöpft ist und Sie Hilfe benötigen, als auch darauf, wie Sie mit wachsenden Konflikten innerhalb der Familie umgehen können.

Krisen stellen uns auf die Probe und können uns über den Kopf wachsen. Sie können aber auch dazu führen, dass wir ganz neue Wege finden und gestärkt aus ihnen hervorgehen. Ich möchte Sie mit diesem Buch ermutigen, Ihren inneren Kompass besser kennenzulernen und sich mutig und vertrauensvoll auf den Weg zu machen.

Teil 1:

Der innere Kompass – wie wir uns im Leben zurechtfinden

Wie wir uns im Leben ausrichten: unser innerer Kompass

Wäre es nicht wunderbar, wenn wir zu jeder Zeit ein starkes Instrument zur Verfügung hätten, das uns hilft, stabil zu stehen und uns je nach Lebensanforderung ganz flexibel auszurichten? In meiner Vorstellung ist es tatsächlich so, dass wir Menschen eine Art inneren Kompass besitzen, bei dem sich – wie auch bei einem echten Kompass – um eine stabile Mitte herum jeweils zwei Pole einander gegenüberliegen:

Das sind zum einen **Eigenständigkeit** und **Verbundenheit,** zum anderen **Gelassenheit** und **Entschlossenheit**.

Diese Pole und die mit ihnen verbundenen Fähigkeiten ermöglichen uns einen stabilen Stand, aber auch die Beweglichkeit, die wir brauchen, um uns auf wechselnde Bedingungen einzustellen und immer weiterzuentwickeln. Stabil und beweglich zugleich, entwickeln wir ein Gefühl zu uns selbst, ein Bild von der Welt und unsere Einstellung zu den Beziehungen, die wir haben. Wir können aktiv werden und zur Ruhe kommen. Wenn das gelingt, fühlen wir uns selbstwirksam, aber auch als Teil einer Gemeinschaft. Wir verfügen über ein gewisses Maß an Akzeptanz und Entspanntheit, besitzen aber gleichzeitig auch die Fähigkeit, Dinge aktiv anzupacken.

So hilft uns der innere Kompass jeden Tag dabei, uns zurechtzufinden und unser Leben zu bewältigen. Er erfüllt aber vor allem auch dann eine wichtige Aufgabe, wenn wir mit Problemen oder

Stress konfrontiert sind. Denn gerade in solchen Situationen versuchen wir, uns wieder ins Gleichgewicht zu bringen, indem wir uns über die verschiedenen Pole ausrichten. Dabei nutzen wir die Pole, die uns in unserem Leben besonders gut geholfen haben, unsere »Lieblingspole«, häufiger als die anderen. Zum Beispiel gibt es Menschen, die zuallererst den Kontakt zu anderen suchen, wenn ein Problem auftaucht; sie balancieren sich über den Pol der Verbundenheit aus. Andere fangen sofort an zu handeln, setzen also eher auf ihre Eigenständigkeit. Das ist völlig nachvollziehbar. Auf diese Art entwickelt sich nach und nach unser ganz eigener Stil im Umgang mit herausfordernden Situationen, unser persönlicher Problemlösestil.

In diesem Kapitel und bei der Übung »Welcher Krisentyp sind Sie?« werfen wir einen genaueren Blick auf diese »Krisentypen« und auch darauf, warum uns unsere bevorzugten Strategien manchmal zum Fallstrick werden können.

Alle vier Pole sind nützlich und ihr gutes Zusammenspiel ermöglicht uns das größtmögliche Repertoire in unserem Problemlöseverhalten. Idealerweise lernen wir alle vier Pole schon als Kind kennen und können ausprobieren und erfahren, wie es ist, wenn wir sowohl die Möglichkeit haben, immer wieder etwas aus eigener Kraft zu schaffen, als auch erleben, dass wir Hilfe bekommen, wenn wir diese brauchen. Wenn wir lernen, wann wir loslassen und aus der Anspannung gehen dürfen und auch, wann wir selbst tätig werden müssen. Ein Beispiel hierfür, das vielen Eltern vertraut vorkommen dürfte, könnte so aussehen:

Noch nicht ganz beim Spielplatz angekommen, möchte Alba (3) bereits mit aller Kraft aus dem Buggy und auf die große Schaukel (Entschlossenheit). Mit einem energischen »Selbst!«

macht sie sehr deutlich, dass dabei keinerlei Hilfe erwünscht ist (Eigenständigkeit). Beim Näherkommen fühlt sie sich ein wenig eingeschüchtert durch die älteren Kinder und möchte kurz an der Hand laufen (Verbundenheit). Auf dem Heimweg dann sitzt sie völlig entspannt im Buggy, schlenkert mit den Beinen und döst vor sich hin (Gelassenheit).

Durften wir alle Pole (kennen)lernen und immer wieder üben, wie wir sie einsetzen können, um unterschiedliche Situationen zu meistern, dann haben wir wahrscheinlich einen guten »inneren Gleichgewichtssinn« entwickelt.

Wenn unsere Eigenständigkeit und Verbundenheit ausgewogen sind, sind wir mit uns selbst und anderen in echtem Kontakt, können uns zuwenden und auf gesunde Art abgrenzen. Ist unsere Gelassenheit trainiert, dann haben wir nicht andauernd das Gefühl, aufpassen und auf der Hut sein zu müssen. Unsere Entschlossenheit wiederum schenkt uns die Energie, uns den Anforderungen des Lebens zu stellen.

Welcher »Krisentyp« sind Sie?

Wie schon erwähnt, haben wir alle »Lieblingspole«, die unser inneres Gleichgewichtsbedürfnis besonders oft aktiviert und andere, die uns weniger liegen.

Welche das sind, hängt zum einen davon ab, was uns von klein auf über Problemlösung beigebracht wurde und was wir daher gut geübt haben. Zum anderen spielt aber auch unsere Persönlichkeit eine Rolle: Manche Kinder beschäftigen sich von Anfang an gern allein und möchten vieles am liebsten ganz eigenständig ausprobieren, andere suchen viel Kontakt und fühlen sich in der Verbundenheit besonders wohl. Manche entspannen leicht und sind schnell zu beruhigen, während andere kaum zu stoppen und immer in Aktion sind. Der innere Kompass zeigt also immer eine Mischung aus Veranlagung und Lerngeschichte. Um der eigenen persönlichen Mischung ein wenig auf die Spur zu kommen, bietet sich ein Gedankenexperiment an.

Übung: Ein kleiner Notfall – wie reagieren Sie?

Stellen Sie sich bitte folgende Situation vor: Es ist Freitagnachmittag und der technische Notdienst teilt Ihnen mit, dass Ihre Kühl-Gefrier-Kombination irreparabel defekt ist. Die Kühlleistung wird immer weiter abnehmen und in spätestens einem Tag ganz ausfallen. Beide Geräte sind voller Lebensmittel.

Gehen Sie mit dem Beispiel in Kontakt und versuchen Sie, ein wenig den Druck zu spüren, den eine solche Situation aufbauen kann. Es geht nicht darum, dass Ihnen sofort eine Lösung einfällt. Sie sind sicher sehr geübt im »Probleme aus der Welt schaffen«. Es geht vielmehr um Ihre Tendenzen im Umgang mit der Situation, die sich dabei zeigen. In welcher der folgenden vier Strategien erkennen Sie sich momentan am ehesten wieder?

»Viele Köche verderben den Brei.«
Sie sagen Ihre Termine für den Nachmittag ab, um sich den Rücken freizuhalten. Die Meinung anderer würde Sie momentan eher stören oder noch mehr aufbringen, daher überlegen Sie zunächst allein, was Ihre Möglichkeiten sind und wie Sie diese umsetzen können.

▶ Aktivierter Problemlösestil: Eigenständigkeit

»Geteiltes Leid ist halbes Leid.«
Sie rufen sofort eine vertraute Person an und berichten ausführlich von Ihrem Problem. Sie erzählen, wie sehr Sie sich ärgern und wie schwierig es ist, wenn so etwas ausgerechnet am Freitagnachmittag passiert. Gemeinsam prüfen Sie verschiedene Ideen und entwickeln einen Plan.

▶ Aktivierter Problemlösestil: Verbundenheit

»Es wird nichts so heiß gegessen, wie es gekocht wird.«
Sie drücken die Pause-Taste und beschäftigen sich mit etwas anderem. Das Problem rücken Sie erst einmal in den Hintergrund, denn Ihre Devise lautet: Jetzt ist es halt so. Erst mal abwarten und keine voreiligen Entscheidungen treffen. Mit ein wenig Abstand lassen sich Probleme viel klarer betrachten.
▶ Aktivierter Problemlösestil: Gelassenheit

»Was du heute kannst besorgen...«
Schon nach einer halben Stunde haben Sie alles Wissenswerte im Internet recherchiert und eine Telefonnummer herausgesucht, bei der Sie sich Hilfe erhoffen. Sie haben eine To-Do-Liste mit der Überschrift »Kühlschrank« gemacht, die ersten vier Punkte sind bereits abgehakt.
▶ Aktivierter Problemlösestil: Entschlossenheit

Was ist Ihr erster Impuls? Was der zweite? Was würde Ihnen gar nicht einfallen? Welche Lösungsstrategie wäre sogar unangenehm oder würde den Stress zusätzlich steigern, wenn Sie zu ihr gezwungen wären?

Natürlich ist die Übung etwas überzeichnet, denn in der Regel verfügen wir über verschiedene Strategien und nutzen eine Mischung aus diesen. Dennoch gelingt es vielen Menschen durch dieses kleine Gedankenexperiment, der eigenen Haupttendenz auf die Spur zu kommen. Ich zum Beispiel erkenne mich vor allem im Problemlösestil Entschlossenheit wieder. To-do-Listen sind mein ständiges Werkzeug, und mein erster Gedanke bei einem Problem ist: Was kann ich tun? Erst wenn ich eine erste Idee dazu habe, entsteht der Impuls, einer anderen Person davon zu erzählen. Allein der Gedanke, jemand könnte mir vorschreiben, dass ich zunächst ganz in Ruhe abwarten sollte, lässt meinen Stresspegel steigen oder macht mich gereizt.

Wir haben also nicht nur eine oder mehrere Tendenzen, wie wir Probleme bevorzugt angehen, sondern es gibt auch Strategien, die uns fremd sind und unseren Stress eher noch erhöhen. Vielleicht ist diese Denkweise neu und spannend für Sie, vielleicht lag Ihr persönliches Ergebnis für Sie aber auch völlig auf der Hand. Ganz egal, was Sie gerade herausgefunden haben, wichtig ist: So sieht es heute in Ihnen aus. Das kann in der Vergangenheit ganz anders gewesen sein und steht auch für die Zukunft nicht unverrückbar fest. Denn die Art und Weise, wie wir mit Problemen umgehen, ist über unsere Lebensspanne hinweg durchaus dynamisch und vielen Veränderungen unterworfen. Denken Sie nur einmal daran zurück, was Ihnen als Kind das Gefühl von Stabilität gab. Wie sehr veränderte sich Ihr Bedürfnis nach Verbundenheit vielleicht im Teenageralter? Welche Faktoren nutzen Sie im Erwachsenenalter, mit denen Sie sich bevorzugt ausbalancieren?

Betrachten Sie diese Übung also als kleine Bestandsaufnahme, wie es jetzt gerade für Sie ist, mit der heutigen Tagesform, in Ihrem jetzigen Alter, angesichts Ihrer momentanen Lebenssituation – jetzt gerade aktuell, aber alles andere als in Stein gemeißelt.

Wie Lebenskrisen uns herausfordern

Wir haben einen ersten Blick darauf geworfen, warum wir in Notfallsituationen auf eine bestimmte Art agieren und reagieren. Wir alle kennen die im vorangegangenen Kapitel erwähnten alltäglichen kleinen Krisen, die uns mehr oder weniger stark herausfordern. Doch was passiert, wenn es nicht um vorübergehende Situationen geht, sondern um eine länger anhaltende Lebenskrise? Und was macht eine solche Lebenskrise überhaupt aus?

Eine Lebenskrise – was ist das eigentlich?

Was Lebenskrisen von Notfällen unterscheidet ist, dass bei einem Notfall unsere grundsätzliche »Ordnung der Dinge« erhalten bleibt und diese, wie ein roter Faden, das Leben vor dem Notfall mit dem Leben nach dem Notfall verbindet. Wir fügen dieser Ordnung vorübergehend nötige Notfallmaßnahmen hinzu und kehren so bald wie möglich zu unserem gewohnten Leben zurück.

Eine Lebenskrise jedoch betrifft in der Regel mehrere wichtige Lebensbereiche über einen längeren Zeitraum, in dem wir erleben, dass unsere bewährten Problemlösestrategien und das kurzfristige Hinzufügen von Notfallmaßnahmen nicht ausreichen, um zu unserer gewohnten Normalität zurückzukehren. Wir machen die Erfahrung, dass unsere Werkzeuge nicht mehr wie gewohnt greifen und müssen erkennen, dass wir unsere alte Ordnung hinter uns lassen und zu einer neuen finden müssen.

Unter einer Lebenskrise verstehen wir also eine Situation, die so massiv, umfassend oder lang anhaltend in unser Leben eingreift, dass unser bisheriger Problemlösestil nicht mehr ausreichend greift und wir zu einer neuen »Ordnung der Dinge« finden müssen.

Auslöser einer solchen umfassenden Krise kann es viele geben: eine eigene schwere Erkrankung (körperlich oder psychisch) oder die eines nahestehenden Menschen; eine Trennung oder ein Todesfall; das Scheitern eines Lebenstraumes oder eine tiefgreifende Enttäuschung; Arbeitslosigkeit oder Wohnungsverlust, berufliche Probleme, eine belastende finanzielle Situation, eine Pandemie … sowie viele andere einschneidende Lebensveränderungen. Übrigens können auch Lebensereignisse, die von vielen Menschen eher positiv bewertet werden, die Kriterien einer Krise erfüllen und zu einer Herausforderung für unsere Anpassungsfähigkeit werden – etwa die Geburt eines Kindes, der Umzug in eine neue Stadt, um den Traumjob anzutreten, oder der Rentenbeginn.

Was Lebenskrisen mit Notfällen gemein haben, ist der hohe Stress, den sie auslösen. Grundsätzlich ist das eine gesunde Reaktion unseres Organismus auf eine unbekannte und neue Herausforderung, lässt uns Stress doch kurzfristig alle Kräfte und Reserven mobilisieren, um für kurze Zeit – wie für einen Sprint – alles aus uns herauszuholen. Was kurzfristig oft gut funktioniert, kann langfristig jedoch zum Problem werden: Wir bleiben über einen langen Zeitraum alarmiert, unser Körper kommt nicht wieder aus der Anspannung heraus. Wir befinden uns in einem dauerhaften Anstrengungs- oder sogar Verteidigungsmodus, der sich zum

Beispiel durch Verspannungen und Dauernervosität bemerkbar macht.

Eine Lebenskrise stellt also nicht nur eine enorme Anforderung für unsere Entwicklungsfähigkeit dar, sie kostet auch jede Menge Körperkraft.

Wenn die gewohnten Strategien und Methoden nicht mehr gut funktionieren und die Kräfte abnehmen, dann kann das tief erschöpfen und das Gefühl in uns wachsen lassen, ständig kämpfen zu müssen, flüchten zu wollen oder nur noch aufgeben zu können. Die Notwendigkeit, den Umgang mit der Situation zu verändern, wird überdeutlich, alles in uns sagt: »So soll es nicht sein, so darf es nicht bleiben.« Und das ist der Moment, in dem wir entweder anfangen uns anzupassen oder in einen Kreislauf geraten, der typisch ist für Lebenskrisen: Unser Kopf registriert die anhaltende Erschütterung und schlussfolgert (mehr oder weniger bewusst), dass wir stärker regulieren müssen. Dabei setzt er, ganz nachvollziehbar, auf die geübten, bewährten Lieblingsstrategien. Wir erleben jedoch aufgrund des Ausmaßes der Krise wieder und wieder, dass diese nicht ausreichend greifen. Das verstärkt das Gefühl, stärker regulieren zu müssen – und der Kreislauf beginnt von Neuem.

Lebenskrisen wirken also immer auf zwei Ebenen: durch das Thema der Krise selbst und durch die Dynamik, die daraus folgt.

Schlimmstenfalls kann die innere Schräglage immer gravierender werden. Dann drohen die wachsende Hilflosigkeit und Verunsicherung wichtigste und tiefgreifende Überzeugungen in Mitleidenschaft zu ziehen, so zum Beispiel, was wir über uns selbst, die Welt und unseren Platz in ihr geglaubt haben. Sie beeinflussen unsere Annahme von Sicherheit oder unsere Konzepte von Gerechtigkeit, Selbstwirksamkeit und Vorhersehbarkeit.

Wenn wir uns diese Dimensionen klarmachen, wird sehr nachvollziehbar, warum manche Lebenskrise die Wucht hat, unser Vertrauen tief zu erschüttern: in uns selbst, in die Welt und in andere.

Dabei sind Überforderung, Erschöpfung und mangelnde Balance keinesfalls Beweis dafür, dass »nichts mehr geht«. Vielmehr können wir sie als Hinweis verstehen, dass diese andere – schwere – Zeit mit all ihren Besonderheiten und Herausforderungen nach anderen Maßnahmen als sonst verlangt.

Unser innerer Kompass kann sich ein Leben lang entwickeln und sich immer wieder neu an wechselnde Bedingungen und Bedürfnisse anpassen. Je besser wir ihn und uns selbst (er)kennen, desto besser werden wir einen Weg auch durch schwere Zeiten finden, für uns und unsere Kinder. Wir alle starten immer mit dem, was wir bis dato geglaubt, gelernt und geübt haben, mit der Zeit aber können wir uns einstellen und bisher unbekannte Herausforderungen neu, anders und immer besser beantworten.

Eltern in der Krise

Menschen, die nicht nur für sich selbst verantwortlich, sondern gleichzeitig Bezugspersonen für Kinder und Jugendliche sind, haben eine weitere besondere Herausforderung zu meistern. Denn Kinder brauchen Vorbilder. Und zwar nicht nur, um sich abzuschauen, welches Verhalten in neuen Situationen notwendig oder angemessen ist, sondern auch, um sich sicher zu fühlen und Trost zu finden. Das ist immer der Fall, vor allem aber in Krisenzeiten, wenn die Welt Kopf steht. Und das ist für Eltern und für Kinder keine leichte Aufgabe.

Als Große müssen die Erwachsenen, zum Teil selbst tief erschüttert, ihre Kinder stabilisieren, ihnen Zuversicht, Sicherheit und Hoffnung vermitteln. Eltern erleben, dass – egal wie hilflos sie sich gerade selbst fühlen – die Kleinen bei ihnen Schutz und Sicherheit suchen und darauf vertrauen, dass Angst und Kummer Linderung finden. Hinzu kommt, dass starke Gefühle wie Angst, Enttäuschung, Wut und Hilflosigkeit (und diese hat eine Krise in der Regel im Gepäck) unsere Wahrnehmung einschränken. Das heißt, es fällt Bezugspersonen unter Umständen viel schwerer zu lesen und zu erkennen, was ihr Kind gerade bewegt, was es braucht, was hilfreich sein könnte oder eben auch nicht.

Die Kleinen hingegen erleben einen erhöhten Druck, sich zu verbinden und abzusichern, nehmen aber gleichzeitig deutlich wahr, dass ihre Orientierungspersonen selbst auf wackeligen Füßen stehen. So finden sich krisenbetroffene Familien in einer Situation wieder, in der Orientierung und Verbindung so wichtig und gleichzeitig so schwer wie nie zuvor sind.

Wie bereits erwähnt, können Lebenskrisen das Bild, das wir von uns selbst haben, verändern. Für Eltern gilt dies im besonderen Maße, denn neben ihrem individuellen Selbstbild entwickeln Menschen, die Verantwortung für Kinder tragen, ein weiteres, ein erweitertes Selbstbild. Dieses biografisch, individuell, aber auch gesellschaftlich stark beeinflusste Bild als Mutter, Vater oder sonstige Bezugsperson definiert, wie Menschen sich selbst als Eltern sehen und auch, was sie von sich verlangen. Dabei spielt neben dem eigenen häufig auch das fremde Urteil eine enorme Rolle.

In einer Lebenskrise, wenn das Leben so ganz anders aussieht als gewünscht, bekommen Fragen wie »Wie sehe ich mich selbst und welche Anforderungen stelle ich an mich?« und vor allem

»Wie sehen mich die anderen, jetzt, da es gerade nicht so läuft?« häufig eine ungeahnte Brisanz.

Diese Verunsicherung kann zu einer neuen Empfindsamkeit führen und die Gefahr bergen, sich durch Äußerungen oder Verhalten anderer Menschen – häufig anderer Elternteile, aber auch der eigenen Eltern oder Personen aus dem Freundeskreis – verletzt zu fühlen. Dies geschieht entweder dadurch, dass Bewertungen oder Ratschläge unsensibel oder bewertend vorgebracht werden, oder aber weil sich Menschen aus Unsicherheit völlig aus dem direkten Kontakt zurückziehen und schlimmstenfalls nur noch über die statt mit den betroffenen Personen sprechen. Wenn wir solche oder ähnliche Erfahrungen machen, müssen wir sehr aufpassen, die eigenen Gedanken und Gefühle gut im Blick zu behalten. Sonst laufen wir Gefahr, fremdes Verhalten nicht dort zu verorten, wo es passiert, nämlich bei den anderen, sondern einzig auf uns zu beziehen. Dann denken wir nicht: »Das Verhalten der anderen Person tut mir nicht gut, das ist nicht hilfreich«, sondern: »Wahrscheinlich denken alle nur das Schlimmste über mich, ich bekomme ja auch wirklich nichts auf die Reihe.«

Selbstzweifel erleben sehr viele Menschen in Krisenzeiten. Für Eltern heißt das, Vorbild sein zu müssen in einer Zeit, in der sie sich selbst vielleicht gerade gar nicht mögen, sich inkompetent oder schwach fühlen. Geht das überhaupt? Können wir vorangehen, wenn wir uns selbst schwach und unzureichend fühlen? Ja, davon bin ich überzeugt, und ich habe es unzählige Male bei Eltern und Bezugspersonen erlebt. Die Lösung liegt in der Betrachtungsweise: Es gibt sehr viel, mit dem Sie vorangehen können, auch wenn alles unglaublich schwierig ist! Zum Beispiel mit der Fähigkeit zu akzeptieren, dass es gerade keine leichte Zeit ist. Oder auch damit, kein starres Ziel oder Selbstbild zu haben, das darauf fußt, nur das eine sei in Ordnung und alles andere nicht. Dann sind da noch Ihre Beweglichkeit und Anpassungsfähigkeit: Haben Sie schon einmal darüber nachgedacht, dass »ratlos vor einer neuen Aufgabe zu stehen und sich Schritt für Schritt einen Weg zu erarbeiten« eine starke und wertvolle Vorbildqualität hat, die zeigt, wie es geht, wenn nichts mehr geht? Eine große Aufgabe? Sicher!

Die gute Nachricht bei all dem aber ist, dass Menschen – und vielleicht Eltern auf ganz besondere Weise – zu Erstaunlichem fähig sind, zum Beispiel dazu, in Zeiten der Not zu lernen, zu wachsen und ganz neue Wege zu finden. Dabei kann eine gute Ausrichtung von großem Nutzen sein, und deshalb lädt Sie der nächste Teil des Buches dazu ein, auf Entdeckungsreise zu gehen, zu sich selbst und zu Ihrem ganz persönlichen inneren Kompass. Finden Sie heraus, welche Pole bei Ihnen besonders gut ausgebildet sind und wie es um Ihre Basis steht. In welchem Bereich haben Sie schon viele Fähigkeiten entwickelt, in welchem (noch) nicht? Dabei ist es ganz normal und sogar hilfreich, nicht nur Stärken, sondern auch Entwicklungsfelder zu entdecken. Denn so erfahren wir, worauf wir momentan bauen können und welche anderen Bereiche Stärkung brauchen, für einen noch besseren (Krisen-) Stand.

Es handelt sich bei den Selbsttests zum inneren Kompass nicht um wissenschaftliche Tests. Sie sollen lediglich dazu dienen, das Erklärungs- und Handlungsmodell dieses Buches mit Leben zu füllen und den eigenen Kompass besser kennenzulernen.

Ihre Basis – Stand und Beweglichkeit

Im Bild des inneren Kompasses entspricht die Mitte unserer Basis. Sie gibt uns den Boden unter den Füßen, den wir brauchen, um beweglich zu sein und uns über die vier Pole auf unterschiedliche Lebenssituationen einzustellen. Wenn das gelingt, wird unser Stand immer stabiler und unsere Flexibilität gleichzeitig immer größer, selbst wenn der Lebensweg einmal holpriger wird. Etwa so, wie im Bootsbau stabile und flexible Bauteile miteinander verbunden werden, damit das Boot auch starken Winden und sogar Stürmen gewachsen ist.

Was gehört alles zu unserer Basis?

- **Körperliche Versorgung**: Ich kümmere mich um meinen Körper und versorge ihn, so gut es geht.
- **Sicherheit im Außen**: Ich habe Orte oder Rückzugsmöglichkeiten, an denen ich mich sicher fühle und abschalten kann.
- **Sicherheit im Innen**: Ich kenne Menschen, mit denen mich gegenseitige Zuneigung und Vertrauen verbinden, völlig unabhängig von Zeit, Raum und Umständen.
- **Wertschätzung**: Ich mache Erfahrungen, die mir helfen, an mich zu glauben.

Wenn wir körperlich versorgt sind, immer wieder Sicherheit spüren, auf einige ausreichend gute Bindungserfahrungen zurückgreifen können und ab und zu erleben, dass wir eine wertvolle

Rolle im Leben spielen, stimmt schon vieles. Von einer solchen Basis aus können wir die einzelnen Pole unseres inneren Kompasses ausbalancieren, was wiederum die Stabilität der Basis erhöht. So wird unser innerer Kompass zu einem wertvollen Instrument der Stabilisierung und Ausrichtung, das uns wissen lässt: »Wie stabil und flexibel bin ich gerade – und wie viel und wohin muss ich lenken?«

Krisenzeiten können zur Herausforderung werden. Finden Sie heraus, wie es gerade um Ihre Basis steht.

Selbsttest: Stand und Beweglichkeit

1. Mein Körper ist mir wichtig, ich gebe ihm, was er braucht, um gut zu funktionieren.

   stimme überhaupt nicht zu 0 1 2 3 stimme voll und ganz zu

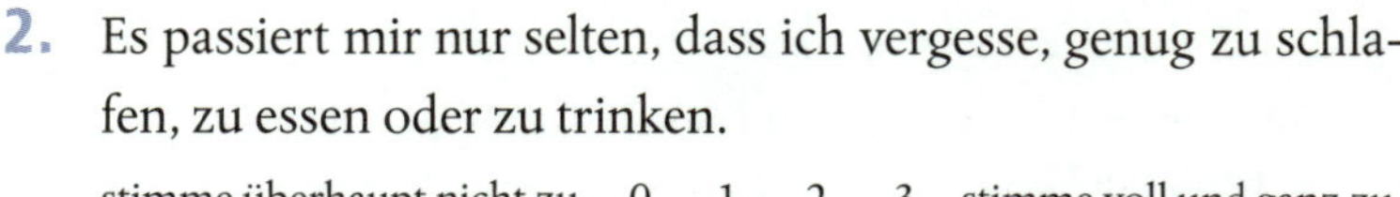

2. Es passiert mir nur selten, dass ich vergesse, genug zu schlafen, zu essen oder zu trinken.

   stimme überhaupt nicht zu 0 1 2 3 stimme voll und ganz zu

3. Ich weiß, wie ich meinem Körper etwas Gutes tun kann. Es gibt Kleidung, Nahrung, Tätigkeiten oder Ähnliches, die ich bewusst dafür nutze.

   stimme überhaupt nicht zu 0 1 2 3 stimme voll und ganz zu

4. Es gibt in meinem Leben mindestens einen Ort, an dem ich mich sicher fühle, durchatmen kann und nicht aufpassen muss.

   stimme überhaupt nicht zu 0 1 2 3 stimme voll und ganz zu

5. Wenn mir alles zu viel wird, weiß ich, wo und wie ich zur Ruhe kommen kann, damit ich mich erhole und wieder klarer sehe.

stimme überhaupt nicht zu 0 1 2 3 stimme voll und ganz zu

6. Wenn mir jemand oder etwas nicht guttut, habe ich Möglichkeiten, auf Abstand zu gehen, Pausen davon zu machen oder mich anderweitig zu schützen.

stimme überhaupt nicht zu 0 1 2 3 stimme voll und ganz zu

7. Es gibt Menschen, die ohne Wenn und Aber an meiner Seite sind.

stimme überhaupt nicht zu 0 1 2 3 stimme voll und ganz zu

8. Bei manchen Menschen ist es egal, wie oft ich sie sehe oder spreche, die Vertrautheit zwischen uns bleibt immer bestehen.

stimme überhaupt nicht zu 0 1 2 3 stimme voll und ganz zu

9. Es gibt wenigstens einen Menschen in meinem Leben, dem ich vollkommen vertraue und der mir in den Sinn kommt, wenn ich es allein nicht schaffe.

stimme überhaupt nicht zu 0 1 2 3 stimme voll und ganz zu

10. Ich erlebe andere Menschen regelmäßig als respektvoll und freundlich im Umgang mit mir.

stimme überhaupt nicht zu 0 1 2 3 stimme voll und ganz zu

11. In der Regel gehe ich mit mir selbst respektvoll und freundlich um. Nicht anders oder schlechter als mit anderen Menschen.

stimme überhaupt nicht zu 0 1 2 3 stimme voll und ganz zu

12. Auch wenn etwas nicht klappt, das ich tue, bin ich ein wertvoller Mensch.

stimme überhaupt nicht zu 0 1 2 3 stimme voll und ganz zu

Meine momentane Punktzahl: _____ /36

Im Kapitel »Auswertung und Zwischenpositionen« können Sie Ihren ermittelten Punktwert in ein Schaubild übertragen – schraffieren Sie dafür die Kreise in der Mitte des Bildes. So erhalten Sie einen Überblick über Ihren inneren Kompass und können diesen für Ihre weitere Reflexion nutzen.

Der erste Pol: Eigenständigkeit

Eigenständigkeit lässt uns Handlungsspielräume erkennen und aktiv nutzen, so wirkt sie gegen Gefühle von Hilflosigkeit und Ausgeliefertsein. Das bedeutet nicht, dass wir Situationen immer in ihrer Gänze beeinflussen können – das ist auch gar nicht notwendig. Wenn wir ein gutes Gespür für unsere Eigenständigkeit haben, erkennen wir auch die Kleinigkeiten, die wir in der Hand haben, um eine Situation zu verändern, und sei es nur im Kleinen.

Was gehört alles zu Eigenständigkeit?

- **Selbstwirksamkeit**: Ich kann in jeder Situation etwas beitragen und tue das auch.
- **Selbstbild**: Ich sehe in mir mehr als ein Opfer der Umstände oder des Lebens.
- **Eigenverantwortung**: Ich trage Verantwortung für meinen Körper und das, was ich aus meinen Gedanken, Gefühlen und Impulsen mache.
- **Selbstregulation**: Um mich zu steuern, habe ich Kontakt zu mir selbst und meinem Erleben, aber auch zu anderen und der Welt.

Zu erkennen und bewusst zu erleben, dass wir etwas tun können, verändert unser Selbstbild. Wir spüren unsere Kraft und auch, dass wir nicht hilflos ausgeliefert sind. Wir erleben, dass unser Tun etwas bewirkt.

Das bringt uns unweigerlich mit dem Thema Verantwortung in Kontakt, sowohl uns selbst als auch anderen gegenüber. Damit sind nicht Schuldgedanken oder -gefühle gemeint, die hilflos machen und uns lähmen, sondern vielmehr der klare Blick auf das, was in unserer Verantwortung liegt und was wir tun können, genauso aber auch – und das fällt vielen Menschen vielleicht sogar schwerer – auf die eigene Begrenztheit und damit das, was nicht in unseren Händen liegt.

Die Wahrnehmung unserer Gefühle und Gedanken, unserer Handlungsoptionen und ihrer Konsequenzen kann zu einem Schatz von Möglichkeiten werden – für uns selbst und andere.

Krisenzeiten können eine Herausforderung für unser Erleben von Eigenständigkeit bedeuten. Finden Sie mit dem folgenden Selbsttest heraus, wie Sie gerade dastehen.

Selbsttest: Eigenständigkeit

1. Ich glaube, dass ich mein Leben selbst beeinflussen kann.
   stimme überhaupt nicht zu 0 1 2 3 stimme voll und ganz zu

2. In jeder Situation gibt es – wenn auch noch so kleine – Dinge, die ich selbst verändern oder steuern kann, und wenn es nur meine Gedanken sind.
   stimme überhaupt nicht zu 0 1 2 3 stimme voll und ganz zu

3. In der Vergangenheit ist mir in schwierigen Situationen immer irgendetwas eingefallen, um diese besser zu ertragen.
   stimme überhaupt nicht zu 0 1 2 3 stimme voll und ganz zu

4. Sobald der größte Stress abgeklungen ist, beginne ich meine Gedanken, Gefühle und mein Handeln aktiv einzusetzen, um die Situation zu verbessern.

stimme überhaupt nicht zu 0 1 2 3 stimme voll und ganz zu

5. Wenn mich jemand nach meinen Stärken fragt, kann ich diese benennen.

stimme überhaupt nicht zu 0 1 2 3 stimme voll und ganz zu

6. Ich verfüge über Fähigkeiten, auf die ich stolz bin und die ich einsetze, um Probleme aktiv zu lösen.

stimme überhaupt nicht zu 0 1 2 3 stimme voll und ganz zu

7. Auch Menschen, die Fehler machen, sind wertvolle Menschen. Das gilt für andere und für mich.

stimme überhaupt nicht zu 0 1 2 3 stimme voll und ganz zu

8. Ich habe in meinem Leben schon Fehler gemacht. Zu denen kann ich stehen und aktiv mit ihnen umgehen, wenn nötig.

stimme überhaupt nicht zu 0 1 2 3 stimme voll und ganz zu

9. Ich kann aufrichtig um Entschuldigung bitten und Entschuldigungen annehmen.

stimme überhaupt nicht zu 0 1 2 3 stimme voll und ganz zu

10. Ich bin mir wichtig und kann gut für mich sorgen, auch in schwierigen Zeiten oder wenn ich unzufrieden mit mir bin.

stimme überhaupt nicht zu 0 1 2 3 stimme voll und ganz zu

11. Meine Gefühle zu steuern, liegt in meiner Verantwortung – und in der Regel weiß ich, wie ich mich wieder in den Griff bekomme, wenn meine Gefühle mich überwältigt haben.

stimme überhaupt nicht zu 0 1 2 3 stimme voll und ganz zu

12. Ich bin fähig, Entspannungsinseln in meinem Leben einzurichten und Pausen von schwierigen Themen zu machen – selbst, wenn sie ganz klein sind.

stimme überhaupt nicht zu 0 1 2 3 stimme voll und ganz zu

Meine momentane Punktzahl: ____ /36

Im Kapitel »Auswertung und Zwischenpositionen« können Sie Ihren ermittelten Punktwert in ein Schaubild übertragen. So erhalten Sie einen Überblick über Ihren inneren Kompass und können diesen für Ihre weitere Reflexion nutzen.

Der zweite Pol: Verbundenheit

Verbundenheit ist ein Begriff, bei dem viele Menschen spontan an ihre Familie oder an ihren Freundeskreis denken. Das stimmt für viele von uns, darf aber nicht dazu verleiten, das Prinzip von Verbundenheit zu eindimensional zu betrachten. Ein reines Zählen, wie viele Freundschaften wir haben oder wie viele Menschen aus der Familie wir regelmäßig sehen, wird dem Thema nicht gerecht und lässt uns Gefahr laufen, viele Facetten zu übersehen, die wir nutzen und pflegen können.

Was sonst sollten wir also noch in unsere Überlegungen einbeziehen? Zum einen die Tatsache, dass es viele Menschen gibt, denen nur wenige andere persönlich nahestehen, die sich aber dennoch gut eingebunden fühlen. Sie empfinden Gemeinschaft beispielsweise in ihrem Hobby, beim Austausch zu einem Thema, das sie besonders begeistert, oder weil sie sich als Teil der Natur erleben. Auch diese Dinge ermöglichen uns das Gefühl, »eingebettet« und nicht isoliert zu sein. Zum anderen können wir die Blickrichtung wechseln und einen Aspekt von Verbundenheit entdecken, der vielen Menschen weniger bewusst, aber ebenso wichtig ist: Verbundenheit mit uns selbst. Denn wir sind nicht nur nach außen verbunden. Um eine echte Verbindung eingehen zu können, die Freude macht, Sicherheit gibt und auch in schweren Zeiten trägt, ist die Verbundenheit mit uns selbst eine wichtige Voraussetzung.

Was gehört alles zu Verbundenheit?

- **Empathie** und **Selbstmitgefühl:** Ich kann meine eigenen und die Gefühle anderer wahrnehmen und lesen, ohne dass diese mich hilflos machen oder ich sie verurteile.
- **Anerkennen:** Meine Vergangenheit ist ein Teil von mir, mit dem ich im Großen und Ganzen in Frieden bin und den ich mit auf meinen Weg nehme.
- **Eingebundensein:** Ich kenne das Gefühl dazuzugehören, mal im Großen, mal im Kleinen.
- **Hilfe annehmen:** Ich kenne meine eigenen Grenzen und suche mir Hilfe, wenn ich sie brauche.

Um Verbindungen einzugehen, benötigen wir die Fähigkeit, uns selbst und andere Menschen »zu lesen«, wahrzunehmen und zu entschlüsseln, welche Gefühle bei uns und anderen gerade im Spiel sind. Dann können wir spüren und anerkennen, wie es uns geht und auch andere verstehen. Am tragfähigsten werden unsere Beziehungen – die zu uns selbst und damit auch die zu anderen –, wenn wir unsere Vergangenheit anerkennen und als einen Teil von uns verstehen. Mit allem, was uns stolz macht, aber auch mit allem, was schmerzhaft ist oder für das wir uns schämen. Dabei geht es nicht darum, allen alles zu erzählen, vielmehr ist die Fähigkeit gemeint, Frieden zu schließen: mit dem, was uns geprägt hat, woher wir kommen – und ebenso damit, wer wir heute sind und wohin wir weitergehen wollen. Dann können wir ein Netzwerk aufbauen, genau so, wie es individuell gut für uns ist.

Für manche Menschen bedeutet das tatsächlich vor allem Familiensinn oder Geselligkeit im klassischen Sinn. Und ja, der Kontakt zu Menschen, die uns schon lange vertraut sind, kann eine ganz besondere Qualität haben. Denn wenn uns Menschen guttun, liebevoll mit uns verbunden sind und schon viele verschiedene Phasen mit uns erlebt haben, erinnert uns der Kontakt mit ihnen daran, »wer wir schon waren«, wer wir auch noch sind, neben der Krise – und dass es Dinge gibt, die auch schwere Zeiten überdauern. Menschen, die uns lieben, helfen uns, auch selbst liebevoll auf uns zu blicken.

Andere Menschen spüren ein angenehmes Maß an Eingebundensein, wenn sie an einem sonnigen Tag wie viele andere auch einen Spaziergang im Park machen, oder wenn sie sich als Teil ihrer Stadt oder ihres Stadtteils fühlen können. Ich zum Beispiel wohne direkt neben einem Freibad. Allein die Kinder zu hören, die dort spielen und toben, lässt mich – in einer guten Mischung aus Erinnerungen und dem aktuellen Moment – Verbundenheit spüren. Vielleicht erleben Sie ähnliche Gefühle der Zugehörigkeit, wenn Sie die Spatzen im Park beobachten, eine bestimmte Art Musik hören oder an Ihrem täglichen Weg oder im Garten bestimmte Pflanzen sehen. Auch das Empfinden, Teil von etwas Höherem, Größerem zu sein – der Natur, der Welt allgemein oder einer Gruppe von Menschen innerhalb eines spirituellen oder wertegetragenen Rahmens –, kann ein solches Gefühl hervorrufen. Mit gutem Kontakt zu unseren Bedürfnissen und eingebunden in unser persönliches Netzwerk, können wir uns trauen, Hilfe zu brauchen. Dabei greifen wir auf unsere persönlichen Kontakte, vielleicht aber auch auf ein »professionelles Netzwerk« zurück. Dazu kann unsere Hausärztin oder unser Friseur gehören, unser Lieblingsrestaurant oder das Schwimmbad, in dem wir am liebsten sind. Auch das sind Facetten unserer Verbundenheit, die uns spüren lassen, dass wir auf andere zurückgreifen können und nicht allein sind.

Krisenzeiten können mit einem veränderten Gefühl von Verbundenheit einhergehen. Finden Sie im folgenden Selbsttest heraus, wie das bei Ihnen ist.

Selbsttest: Verbundenheit

1. Ich kann nachfühlen, was andere Menschen bewegt und habe auch einen guten Kontakt zu meinen eigenen Gefühlen.
   stimme überhaupt nicht zu 0 1 2 3 stimme voll und ganz zu

2. Es gelingt mir, anderen und mir selbst mit Weichheit zu begegnen, auch wenn etwas gerade nicht so gut läuft, mir oder jemand anderem ein Fehler, ein Missgeschick oder eine Unachtsamkeit unterläuft. Letztlich passiert das uns allen.
   stimme überhaupt nicht zu 0 1 2 3 stimme voll und ganz zu

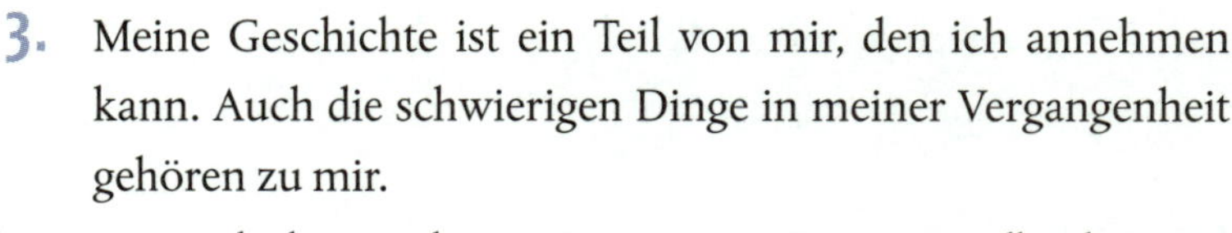

3. Meine Geschichte ist ein Teil von mir, den ich annehmen kann. Auch die schwierigen Dinge in meiner Vergangenheit gehören zu mir.
   stimme überhaupt nicht zu 0 1 2 3 stimme voll und ganz zu

4. Es gibt in meinem Leben Beziehungen, die ich als bereichernd und unterstützend erlebe und die ich pflege.
   stimme überhaupt nicht zu 0 1 2 3 stimme voll und ganz zu

5. Es gibt Menschen, mit denen ich Alltägliches, aber auch Freude und Leid teilen kann.
   stimme überhaupt nicht zu 0 1 2 3 stimme voll und ganz zu

6. Die Menschen, die mir nahestehen, sind ein Rückhalt für mich. Ich kann mich auf sie verlassen, wenn ich Hilfe brauche und mich ihnen anvertrauen, sogar wenn ich einen Fehler gemacht habe, es um etwas Intimes geht oder mir etwas peinlich ist.

stimme überhaupt nicht zu 0 1 2 3 stimme voll und ganz zu

7. Ich habe die Fähigkeit, andere um Hilfe zu bitten und diese auch anzunehmen.

stimme überhaupt nicht zu 0 1 2 3 stimme voll und ganz zu

8. Ich helfe anderen, wenn diese darum bitten, oder biete Hilfe an, wenn ich das Gefühl habe, dass andere Hilfe brauchen.

stimme überhaupt nicht zu 0 1 2 3 stimme voll und ganz zu

9. Ich habe soziale Kontakte außerhalb der Familie, z.B. einen Freundeskreis oder Bekannte, einen Verein oder eine Gruppe, zu denen ich gehöre.

stimme überhaupt nicht zu 0 1 2 3 stimme voll und ganz zu

10. Ich kenne das Gefühl, Teil einer Gruppe zu sein. Nicht nur in meinem Freundeskreis und in der Familie, sondern auch in anderen Situationen. Zum Beispiel durch die Natur, ein gemeinsames Interesse oder die Menschen, die mich umgeben (etwa am Meer oder im Wald, in einem Café oder in einem Verein etc.).

stimme überhaupt nicht zu 0 1 2 3 stimme voll und ganz zu

11. Zusätzlich zu meinen persönlichen Kontakten habe ich ein Netzwerk von Dienstleistenden, auf die ich bei Bedarf zugreifen kann. Zum Beispiel weiß ich, wo ich mir die Haare schneiden lasse, wo ich zur Massage gehe oder gute hausärztliche Versorgung finde etc.

stimme überhaupt nicht zu 0 1 2 3 stimme voll und ganz zu

12. Ich habe Vorbilder, die mich inspirieren und an denen ich mich orientiere.

stimme überhaupt nicht zu 0 1 2 3 stimme voll und ganz zu

Meine momentane Punktzahl: ____/36

Im Kapitel »Auswertung und Zwischenpositionen« können Sie Ihren ermittelten Punktwert in ein Schaubild übertragen. So erhalten Sie einen Überblick über Ihren inneren Kompass und können diesen für Ihre weitere Reflexion nutzen.

Der dritte Pol: Gelassenheit

Wenn wir in der Lage sind, mit einer gewissen Entspanntheit anzuerkennen, was gerade ist, bringen uns äußere Umstände viel weniger schnell aus der Ruhe. Das bedeutet keinesfalls, dass uns egal ist oder gefällt, was gerade geschieht. Wir kämpfen lediglich nicht gegen Dinge an, die wir nicht ändern können, leugnen diese aber auch nicht. Wenn uns das gelingt – und dazu gehört auch, Vergangenes ruhen zu lassen, statt es wie ein ständiges Gewicht um den Hals zu tragen –, entdecken wir einen großen Schatz: Klarheit und die Freiheit, sich den wirklichen Möglichkeiten der Situation zu öffnen und wach zu bleiben für das, was kommt.

Was gehört alles zu Gelassenheit?

- **Akzeptanz**: Ich erkenne an, was ist, kämpfe nicht dagegen an und weiß, dass Dinge sich auch wieder ändern.
- **Sich einlassen können**: Ich kann in ungewissen Situationen offen bleiben für das, was kommt.
- **Humor**: Ich kann Umstände oder Eigenarten von mir selbst und anderen mit einer gewissen Leichtigkeit annehmen, mich selbst und andere zum Lachen bringen.
- **Hoffnung**: Ich habe eine eher zuversichtliche Grundhaltung und vertraue darauf, dass die Zukunft auch etwas Positives bringen kann.

Akzeptanz ist nicht das Gleiche wie eine »Mir-doch-egal-Haltung«, die kleinredet, was ist. Vielmehr nimmt sie die Umstände und auch die damit verbundenen Gefühle an, ohne sich gegen sie zu wehren, aber auch ohne diese für endgültig zu halten.

Menschen mit ausgeprägter Akzeptanz schauen auch auf Krisen mit »beiden Augen«, das heißt, sie haben gleichzeitig mehrere Seiten im Blick. Ein Auge ist auf das gerichtet, was gerade nicht gut läuft, während das andere all das wahrnimmt, was sonst noch ist. All das, was nicht beeinträchtigt ist. Das, wofür sie sogar inmitten einer schwierigen Situation dankbar sein können. Und alles, was gerade hilft und guttut.

Dieser differenzierte Blick ermöglicht es ihnen, sich auf eine Situation einzulassen, ohne blind zu hoffen, aber auch ohne resigniert aufzugeben. Wenn das gelingt, können sich Humor und Hoffnung wie rote Fäden auch durch dunkle Zeiten ziehen und vieles erträglicher machen.

Krisenzeiten können unsere Gelassenheit auf die Probe stellen. Finden Sie mit dem folgenden Selbsttest heraus, wie ausgeprägt Ihre Gelassenheit gerade ist.

Selbsttest: Gelassenheit

1. Wenn ich etwas nicht ändern kann, dann ist das so. Ich mache aus den Dingen, *die* ich ändern kann, das Beste.
   stimme überhaupt nicht zu 0 1 2 3 stimme voll und ganz zu

2. Zu jedem Leben gehören positive und negative Dinge.
   stimme überhaupt nicht zu 0 1 2 3 stimme voll und ganz zu

3. Auch die Dinge in meinem Leben, für die ich mich schäme oder bei denen ich Schaden angerichtet habe, gehören zu mir. Ich versuche aus ihnen zu lernen, ohne dass sie mir in der Gegenwart im Weg stehen.

stimme überhaupt nicht zu 0 1 2 3 stimme voll und ganz zu

4. Alles verändert sich, auch schwierige Situationen und schmerzhafte Gefühle.

stimme überhaupt nicht zu 0 1 2 3 stimme voll und ganz zu

5. Über Dinge, die nicht so wichtig sind, versuche ich mich nicht aufzuregen. Auch in herausfordernden Situationen verliere ich selten die Nerven oder gerate aus der Fassung.

stimme überhaupt nicht zu 0 1 2 3 stimme voll und ganz zu

6. Wenn es bei einem Austausch allein ums Lästern oder Schimpfen geht, bin ich in aller Regel nicht daran interessiert. Meiner Erfahrung nach entsteht daraus meist nichts Gutes.

stimme überhaupt nicht zu 0 1 2 3 stimme voll und ganz zu

7. Selbst in schwierigen Zeiten finde ich oft eine Kleinigkeit, die mich schmunzeln oder lachen lässt.

stimme überhaupt nicht zu 0 1 2 3 stimme voll und ganz zu

8. Ich kann andere und mich selbst zum Lachen bringen, manchmal sogar in schwierigen Situationen.

stimme überhaupt nicht zu 0 1 2 3 stimme voll und ganz zu

9. Ich kann über mich selbst lachen.

stimme überhaupt nicht zu 0 1 2 3 stimme voll und ganz zu

10. Ich glaube, dass auch in schlimmen Zeiten Gutes passieren kann.

stimme überhaupt nicht zu 0 1 2 3 stimme voll und ganz zu

11. Auch kleine Lichtblicke nehme ich wahr und weiß sie zu schätzen.

stimme überhaupt nicht zu 0 1 2 3 stimme voll und ganz zu

12. Ich betrachte Situationen realistisch, gleichzeitig bleibe ich aber offen dafür, dass sich Dinge zum Guten wenden können.

stimme überhaupt nicht zu 0 1 2 3 stimme voll und ganz zu

Meine momentane Punktzahl: ____/36

Im Kapitel »Auswertung und Zwischenpositionen« können Sie Ihren ermittelten Punktwert in ein Schaubild übertragen. So erhalten Sie einen Überblick über Ihren inneren Kompass und können diesen für Ihre weitere Reflexion nutzen.

Der vierte Pol: Entschlossenheit

Entschlossenheit ist ein sehr spannender Pol auf unserem inneren Kompass, denn er bringt Bewegung in die Sache! Wenn Eigenständigkeit und Verbundenheit die Kräfte sind, die es uns ermöglichen, stabil zu stehen, und Gelassenheit dafür sorgt, dass dieser Stand auch bei Wind und Wellengang nicht verloren geht, so befähigt uns Entschlossenheit dazu, aus diesem Stand heraus aktiv zu werden.

Was gehört alles zu Entschlossenheit?

- **Zukunftsorientierung**: Ich habe Ziele und Visionen, die ich immer wieder prüfe, plane und umsetze.
- **Kreativität**: Ich habe ein Talent dafür, dass mir in unbekannten und herausfordernden Situationen neue Ideen und Lösungen einfallen.
- **Lösungsorientiertheit**: Ich habe die Fähigkeit, meine Aufmerksamkeit auf Möglichkeiten und Alternativen zu richten, statt bei den Problemen zu verharren.
- **Motivation** und **Durchhaltevermögen**: Ich bleibe dran und investiere in Veränderung, wenn ich einmal den Entschluss dazu gefasst habe.
- **Mut** und **Tapferkeit**: Wenn etwas wichtig ist, kann ich einiges aushalten. Ebenso habe ich aber auch die Kraft, meine Angst zu überwinden und tätig zu werden.

Um Entschlossenheit in Aktivität zu verwandeln, brauchen wir eine Richtung, eine Vorstellung davon, wie es werden soll, sonst setzen wir uns nicht in Bewegung. Das Bild, dem wir dabei folgen, müssen wir fortlaufend flexibel an die Situation und an das, was möglich ist, anpassen. Insbesondere in unbekannten Situationen hilft uns dabei die Fähigkeit zum kreativen Denken. Sie ermöglicht, Ideen sozusagen aus dem Nichts zu schöpfen und anschließend in Lösungsversuche zu verwandeln.

Dabei ist es gar nicht so wesentlich, ob alle unsere Ideen passen, umsetzbar sind oder tatsächlich zum Erfolg führen: Allein der Wechsel der Blickrichtung, weg von den Ursachen und dem Problem an sich, hin zu dem, was in uns steckt und einen Umbruch bewirken könnte, verändert das Erleben – und unter Umständen auch die Situation. Wenn wir spüren, dass es sich lohnt, ausdauernd und hartnäckig zu sein, finden wir unsere Kraft: die Tapferkeit, die wir brauchen, um durchzuhalten, und den Mut, um unsere Angst zu überwinden und tätig zu werden.

Krisenzeiten können unsere Entschlossenheit untergraben. Finden Sie heraus, inwieweit das für Sie zutrifft.

Selbsttest: Entschlossenheit

1. Krisen und belastende Zeiten wünscht sich niemand. Doch neben all dem Schweren bergen sie auch immer eine Chance zum Nach- und Umdenken.

   stimme überhaupt nicht zu 0 1 2 3 stimme voll und ganz zu

2. In der Regel habe ich ein Ziel vor Augen, mal im Großen, mal im Kleinen. Diese Ziele sind realistisch und Schritt für Schritt erreichbar.

stimme überhaupt nicht zu 0 1 2 3 stimme voll und ganz zu

3. Ich bin ein Mensch, der mehr Kraft und Überlegung in die Zukunft als in die Vergangenheit investiert.

stimme überhaupt nicht zu 0 1 2 3 stimme voll und ganz zu

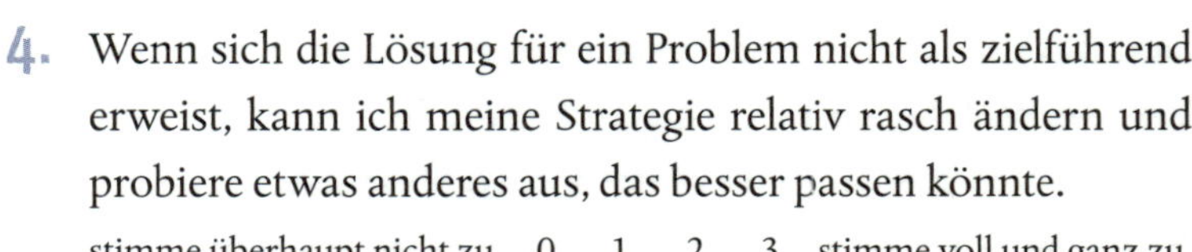

4. Wenn sich die Lösung für ein Problem nicht als zielführend erweist, kann ich meine Strategie relativ rasch ändern und probiere etwas anderes aus, das besser passen könnte.

stimme überhaupt nicht zu 0 1 2 3 stimme voll und ganz zu

5. Ich löse gern Probleme, neue Situationen und Aufgaben reizen mich.

stimme überhaupt nicht zu 0 1 2 3 stimme voll und ganz zu

6. Manchmal wundere ich mich selbst, woher meine Einfälle kommen. Meine Lösungsideen reichen von pragmatisch bis verrückt.

stimme überhaupt nicht zu 0 1 2 3 stimme voll und ganz zu

7. Ich bin neugierig, probiere gern Neues aus, stelle Fragen und interessiere mich für Zusammenhänge.

stimme überhaupt nicht zu 0 1 2 3 stimme voll und ganz zu

8. Ich suche lieber nach Lösungen als nach Fehlern oder Schuldigen.

stimme überhaupt nicht zu 0 1 2 3 stimme voll und ganz zu

9. Wenn etwas nicht klappt, versuche ich es einfach noch einmal. Ich würde mich als zäh bezeichnen und gebe nicht so schnell auf.

stimme überhaupt nicht zu 0 1 2 3 stimme voll und ganz zu

10. Wenn ich mir etwas in den Kopf gesetzt habe, das mir wichtig ist, bleibe ich am Ball. Anstrengung macht mir keine Angst.

stimme überhaupt nicht zu 0 1 2 3 stimme voll und ganz zu

11. Wenn es wichtig ist, habe ich die Fähigkeit, Dinge zu tun, vor denen ich mich fürchte.

stimme überhaupt nicht zu 0 1 2 3 stimme voll und ganz zu

12. Rückschläge sind nicht schön, sie führen aber nicht dazu, dass ich einfach so aufgebe. Wenn es um etwas geht, kann ich schon einiges aushalten.

stimme überhaupt nicht zu 0 1 2 3 stimme voll und ganz zu

Meine momentane Punktzahl: ____/36

Im nächsten Kapitel können Sie Ihren ermittelten Punktwert in ein Schaubild übertragen. So erhalten Sie einen Überblick über Ihren inneren Kompass und können diesen für Ihre weitere Reflexion nutzen.

Auswertung und Zwischenpositionen

Um auf einen Blick erkennen zu können, wie stark Ihre Basis und die einzelnen Pole derzeit ausgeprägt sind und ob sich ein eher ausgeglichenes oder ein eher unausgeglichenes Bild ergibt, können Sie die entsprechenden Felder der Auswertungsgrafik schraffieren. Wenn Sie einen Wert von 0–12 Punkte ermittelt haben, schraffie-

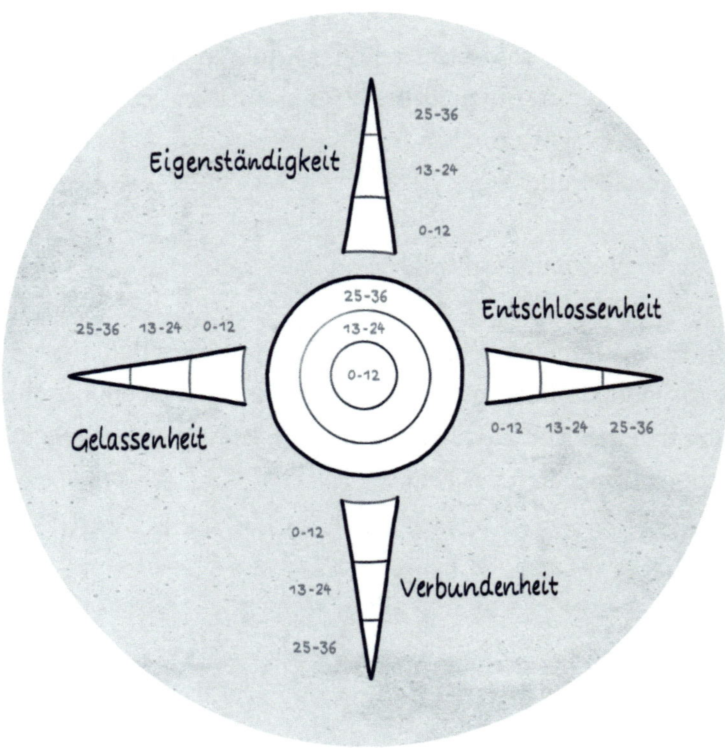

ren Sie für den jeweiligen Pol oder die Basis nur den Bereich, der diese Beschriftung trägt. Bei 13–24 Punkten schraffieren Sie den Bereich für 0–12 Punkte und den Bereich für 13–24 Punkte. Bei 25–36 ermittelten Punkten schraffieren Sie alle drei Bereiche. So erhalten Sie ein optisch aussagekräftiges Bild, das sowohl die Stärke der Basis als auch die Ausgeprägtheit und Balance der vier Pole darstellt.

Bitte denken Sie daran, dass es sich bei diesem Bild immer nur um eine Momentaufnahme handelt. Es enthält keine grundsätzliche Aussage über Sie oder Ihre Fertigkeiten. Das Bild soll lediglich verdeutlichen, welche Pole gerade ganz »vorn« mit dabei sind, also eine große Rolle in Ihrer derzeitigen Selbstregulation spielen – und welche zurzeit eher im Hintergrund bleiben. So kann es bei der Bestandsaufnahme helfen.

Es kann sein, dass sich Ihnen ein Auswertungsbild zeigt, das einen Pol sehr prominent hervorhebt, vielleicht, weil dieser ein ausgeprägter Teil Ihrer Persönlichkeit und Lerngeschichte ist, vielleicht aber auch, weil Sie sich gerade in einer herausfordernden Lebenssituation befinden und daher eine Ihrer »Lieblingsstrategien« laufend anspringt. Bei vielen Menschen zeigt sich eine Mischung aus zwei besonders starken Polen, während die anderen beiden eher schwächer ausgebildet sind.

Die folgende Grafik zeigt vier typische Mischformen, die jeweils dann entstehen, wenn in der persönlichen Selbstregulation nicht einer, sondern zwei benachbarte Pole besonders häufig genutzt werden und dementsprechend stark ausgeprägt sind. Diese »Problemlöse-Typen« verfügen – genau wie auch die jeweils einzelnen Pole – über ganz bestimmte »Superkräfte«. Sonst gäbe es sie nicht. Wenn sie sich allerdings unbemerkt verselbstständigen, bergen sie ein gewisses Risiko, auf das im Folgenden kurz eingegangen werden soll.

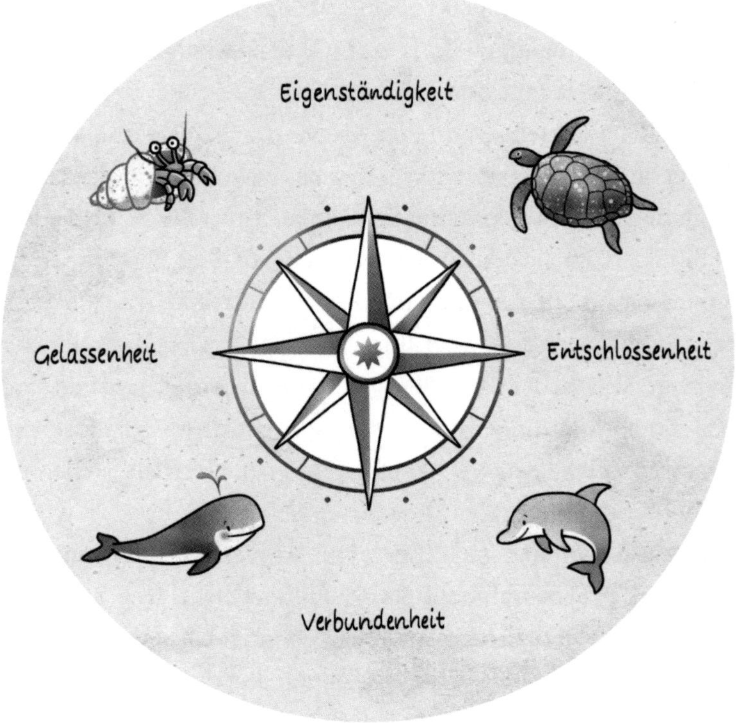

Wenn die Pole **Eigenständigkeit** und **Gelassenheit** besonders stark ausgeprägt sind, entspricht das dem Bild des ***Einsiedlerkrebses***.

Superkraft: Einsiedlerkrebse können gut allein sein, sie lassen sich eher schwer aus der Ruhe bringen und neigen nicht zu blindem Aktionismus.

Gefahr: Wenn Einsiedlerkrebse ihre Verbundenheit und ihre Verschlossenheit nicht im Blick behalten und pflegen, neigen sie dazu, eigenbrötlerisch und einsam zu werden.

Wenn die Pole **Eigenständigkeit** und **Entschlossenheit** besonders stark ausgeprägt sind, entspricht das dem Bild der ***Meeresschildkröte***.

Superkraft: Meeresschildkröten verlassen sich auf sich selbst, haben Power und fürchten sich nicht davor, Dinge auch allein anzupacken.

Gefahr: Wenn Meeresschildkröten ihre Verbundenheit und ihre Gelassenheit nicht im Blick behalten und pflegen, neigen sie dazu, unflexibel zu werden und andere mit vollendeten Tatsachen vor den Kopf zu stoßen.

Wenn die Pole **Gelassenheit** und **Verbundenheit** besonders stark ausgeprägt sind, entspricht das dem Bild des ***Wals***.

Superkraft: Wale haben ein Talent, sich mit anderen zu verbinden und sich so ein Netz zu bauen, das sie trägt und schützt.

Gefahr: Wenn Wale ihre Eigenständigkeit und Entschlossenheit nicht im Blick behalten und pflegen, neigen sie dazu, hilflos, abhängig und träge zu werden.

Wenn die Pole **Verbundenheit** und **Entschlossenheit** besonders stark ausgeprägt sind, entspricht das dem Bild des ***Delfins***.

Superkraft: Delfine können andere für sich gewinnen, diese mitreißen und aktivieren.

Gefahr: Wenn Delfine ihre Eigenständigkeit und Gelassenheit nicht im Blick behalten und pflegen, neigen sie dazu, vor allem die eigenen Bedürfnisse wahrzunehmen, herrisch oder streng zu werden.

Egal, ob also ein oder mehrere Pole besonders ausgeprägt sind: Es lohnt sich, den inneren Kompass im Blick zu behalten. So können wir uns immer wieder reflektieren und sicherstellen, dass unsere »Superkräfte« wirken, ohne dass wir zu einseitig werden oder die übergeordnete Balance aus den Augen verlieren.

Nutzen Sie gern die folgenden Fragen, um diesen ersten Blick auf Ihren inneren Kompass abzurunden:

- Welches Bild zeigt sich durch meine persönlichen Punktwerte?
- Wie stark ist meine Basis?
- Wie ausgeglichen sind die Pole vertreten – zeigt sich ein besonders ausgeprägter Pol oder eine der vier Mischformen?
- Wo habe ich die wenigsten Punkte?
- Erkenne ich mich in dem Ergebnis wieder oder habe ich ein ganz anderes Bild von mir selbst?
- Was könnte das Ergebnis mit meiner momentanen Lebenssituation zu tun haben?
- Haben mir die besonders ausgeprägten Pole in meinem Leben schon einmal aus der Not geholfen? Habe ich eine Idee, wann und wodurch sie so stark geworden sind? Haben sie mir auch schon einmal im Weg gestanden oder mir etwas unmöglich gemacht?
- Wie gut funktioniert mein innerer Kompass mit seiner momentanen Ausrichtung aktuell für mich? Was ermöglicht er mir? Woran hindert er mich?
- Könnte es sich lohnen, die schwächeren Pole im Blick zu behal-

ten oder sogar zu stärken? Wie könnte ein erster kleiner Schritt in diese Richtung aussehen und wer oder was könnte mir dabei helfen?

Haben Sie Lust bekommen, sich weiter mit Ihrem inneren Kompass zu beschäftigen und zu erfahren, wie Sie die einzelnen Pole stärken und somit nicht nur Ihre Basis, sondern auch Ihre Balance weiter verbessern können? Mit Anregungen für diese Fragen beschäftigt sich der nächste Teil des Buches »Stabil werden – beweglich bleiben«.

Teil 2:

Stabil werden – beweglich bleiben

Das Bild des inneren Kompasses dient als Reflexionshilfe und ermöglicht, sich zu orientieren, zu steuern und auch den Kurs zu korrigieren, wenn das angebracht ist.

Wir alle haben unsere lang geübten Strategien im Umgang mit dem Leben. Und wir haben blinde Flecken. Beides schränkt unser Handlungsrepertoire ein. Da können neue Ideen und Anregungen zum Umdenken und Erkennen hilfreich sein, auch wenn sie erst einmal unvertraut und gewöhnungsbedürftig erscheinen.

Denn »das liegt mir am meisten« ist nicht immer deckungsgleich mit »das wäre gerade besonders wichtig« und der Kopf – das haben wir uns schon angeschaut – schlägt gern seine lang eingeübten Lieblingsstrategien vor, vor allem unter Stress und selbst dann, wenn diese für eine aktuelle Herausforderung vielleicht gar nicht die sinnvollsten oder hilfreichsten sind. Er greift auf das zurück, was er am meisten geübt und am häufigsten als wirkungsvoll erlebt hat. So versucht er, mehr Gleichgewicht und Stabilität zu erlangen.

Das Modell vom Kompass bietet Ihnen die Möglichkeit zu erkennen, was Ihre eigenen Lieblingsstrategien sind und warum Sie in bestimmten Situationen dazu neigen, etwas Bestimmtes zu tun oder zu lassen. Darüber hinaus kann der Blick auf das Gesamtbild des Kompasses Aufschluss über eine mögliche Schräglage geben und zeigen, dass Sie manche Pole in Ihrem Leben eher selten oder gar nicht nutzen – und unter Stress ist das Ungleichgewicht vielleicht sogar noch stärker ausgeprägt als sonst.

Natürlich kann es sein, dass das Ausprobieren eines Pols, der vielleicht nicht der Liebling in Ihrer Werkzeugkiste ist, sich erst einmal nicht so gut anfühlt. Das ist völlig normal, denn das, was wir jeden Tag üben, wird zu unserer Komfortzone. Wenn wir also etwas Ungewohntes ausprobieren, schickt unser Gehirn zunächst einmal eine Stressantwort. Das ist seine Art zu sagen: »Das ist neu und anders als das, was du normalerweise tust. Ist das beabsichtigt?« Wenn Sie hierauf mit »Ja« antworten und damit signalisieren, dass Sie genau das bezwecken, wird die Stressantwort nachlassen und immer weniger auftreten, da das Gehirn lernt: »Aha, das gehört nun also auch zu unserem Repertoire.«

In diesem Abschnitt des Buches geht es also nicht darum, etwas zu reparieren. Es geht darum, eine Art Bestandsaufnahme zu machen, abzuwägen, vielleicht hier und da etwas Neues auszuprobieren und etwas weniger vom Gleichen zu tun. Dann gelingt, einen Schritt nach dem anderen, Anpassung an neue Herausforderungen, es entsteht Beweglichkeit und vielleicht werden ein paar alte Strategien verabschiedet oder durch neue ergänzt oder gar ersetzt.

Die Anregungen in diesem Buch sind unkompliziert, leicht umzusetzen und gut in den Alltag zu integrieren. Denn sie sollen auch in anstrengenden Zeiten funktionieren, in Lebenssituationen, in denen Kraft und Zeit Mangelware sind.

Wählen Sie, was Sie anspricht, was zu Ihnen passt und die Bereiche stabilisiert, in denen Sie sich Stärkung wünschen. Dafür müssen Sie nicht Ihr gesamtes Leben umkrempeln. Schon sehr kleine Lenkbewegungen reichen aus, um die Richtung zu verändern und langfristig eine echte Veränderung zu erzeugen.

Wichtig: Falls Sie bemerken, dass diese Übungen Ihnen nicht helfen oder Sie keine Kraft für die Umsetzung haben, kann das ein Zeichen dafür sein, dass eine so hohe Belastung besteht, dass andere Maßnahmen nötig sind. Hierzu finden Sie weitere Inhalte im Kapitel »Wenn es innen kippt«. Hinweise auf mögliche Hilfsangebote finden Sie im Kapitel »Es muss nicht allein gehen – Hilfe finden«.

Stellen Sie sich gut auf – jeden Tag

Ihr eigener Stand ist ausschlaggebend dafür, dass Sie in Krisenzeiten Ihre Familie stabilisieren können. Kennen Sie die Anweisung zu Schwimmwesten und Sauerstoffmasken im Flugzeug? Es gilt, zuerst für die eigene Sicherheit zu sorgen und dann anderen zu helfen. Daher beginnt dieser Teil des Buches mit Anregungen, wie Sie zunächst Ihren Stand und Ihre Beweglichkeit sowie die einzelnen Pole Ihres Kompasses stärken können, jeden Tag und durch ganz gezielte Übungen. Dann erst folgen Anregungen, was Ihnen dabei helfen kann, auch auf der Familienebene gut auf den Füßen und in Balance zu bleiben.

So stärken Sie Stand und Beweglichkeit

Einfache Lösungen sind uns oft die liebsten. Manchmal haben wir sogar das Gefühl, mit dem Erkennen des Problems schon die Hauptarbeit getan zu haben. Und sicher gibt es Dinge, die kurzfristig zu einer raschen Erleichterung führen, ähnlich wie eine Kopfschmerztablette, die das unangenehme Gefühl lindert und uns wieder klarer denken lässt.

Wollen wir aber tiefer gehen und wirklich etwas verändern, reichen Einmalaktionen nicht aus. Wir müssen unsere Balance wahrnehmen, abwägen, daraus Handlung ableiten und Neues üben, jeden Tag – und somit an der Basis ansetzen. Die Übungen wirken am besten, wenn sie uns in Fleisch und Blut übergehen und selbstverständlicher Teil unseres Alltags werden. Es kann sehr gut sein, dass jetzt etwas in Ihnen sagt: »Das geht gerade nicht, dafür habe ich keine Kraft und keine Zeit.« Oder: »Das ist nichts für mich, das weiß ich jetzt schon.«

Manchmal bringt uns unsere gut eingeübte innere Einstellung zum Aufgeben, bevor wir es auch nur versucht haben. Wir haben insgeheim etwas (oder uns) bereits in eine Schublade gesteckt. Machen Sie nicht den Fehler, in dieser Schublade zu bleiben! Das sind nicht Sie, das ist eine von Ihnen gemachte Schublade. Dort drin zu bleiben verhindert, dass Sie eine neue Erfahrung machen – und genau darauf kommt es doch jetzt an.

Außerdem ist es ein Trugschluss, dass sich das, was wirkt, gut anfühlen muss oder wir das Gefühl haben sollten, dass es uns liegt. Am besten betrachten Sie die Übungen wie die Einnahme einer Medizin oder wie das Zähneputzen. Beides macht keinen Spaß, und es einmal zu tun, wird kaum etwas bewirken. Wenn Sie aber dranbleiben – und sei es nur aus Vernunft –, entfaltet sich die Wirkung mit der Zeit. Und über diese Zeit und durch erste kleine Erfolge fühlt sich das Üben nach und nach sogar immer besser an. Der Trick ist also:

1. Einfach anfangen.
2. Kleine Schritte machen.
3. Dranbleiben.
4. Auf das achten, was klappt.

Hier nochmal zur Erinnerung, was zur Basis unseres inneren Kompasses gehört:

- **Körperliche Versorgung**: Ich kümmere mich um meinen Körper und versorge ihn, so gut es geht.
- **Sicherheit im Außen:** Ich habe Orte oder Rückzugsmöglichkeiten, an denen ich mich sicher fühle und abschalten kann.
- **Sicherheit im Innen:** Ich kenne Menschen, mit denen mich gegenseitige Zuneigung und Vertrauen verbinden, völlig unabhängig von Zeit, Raum und Umständen.
- **Wertschätzung**: Ich mache Erfahrungen, die mir helfen, an mich zu glauben.

Tipp 1: Tanzen Sie nach Ihrer eigenen Pfeife

Die wohl wichtigste Veränderung, die es gilt, in Lebenskrisen vorzunehmen, betrifft unsere Perspektive. Damit ist an dieser Stelle neben der Sicht auf die derzeitige Lebenssituation auch die Einstellung zu uns selbst und unseren Zielen gemeint.

Häufig geht es in unserem Leben darum, nicht nur etwas, sondern immer mehr zu erreichen. Es geht darum, auch im Vergleich mit anderen gut oder gar besser abzuschneiden und uns so unseren Platz zu »verdienen«. In Krisenzeiten zeigt sich, wie gefährlich diese Einstellung ist. Vor allem, wenn wir uns klarmachen, dass wir Menschen dazu tendieren, uns mit denen zu vergleichen, denen es besser zu gehen scheint als uns oder die es wohl leichter haben. Überdenken Sie, was Ihre Ziele in dieser Krisenzeit tatsächlich sein sollten und wie viel Sie von sich verlangen können. Sie sind nicht auf gewohntem Terrain, sondern auf offener See: Auch wenn Sie im Hallenbad oder Badesee gut und sicher schwimmen können, auf hoher und zudem sehr bewegter See ist jeder Schwimmzug, jede Minute mit dem Kopf über Wasser eine Höchstleistung.

Stecken Sie sich also *andere Ziele* und lernen Sie, sich zu fokussieren: Richten Sie den Blick auf das, was Sie gerade tun, und nur darauf, diesen einen Schritt zu gehen. Egal, wie banal er unter normalen Umständen zu sein scheint, feiern Sie alles, was Sie gerade schaffen und was Ihnen gelingt. Seien Sie genauso stolz auf sich selbst, wie Sie es auf eine Person wären, die Sie sehr liebhaben und die sich in einer ähnlich schwierigen Lage wie Sie befindet (lesen Sie dazu auch die Übung »Abendcheck« im Kapitel »Das Dreimaleins für jeden Tag«).

Versuchen Sie, eine Sache nach der anderen zu tun. Bremsen Sie Ihren Kopf, wenn er alles, was auch noch erledigt werden muss, oder alles, was noch vor Ihnen liegt, mit ins Bewusstsein ziehen möchte. Wenn der Anstieg zu steil ist oder der Weg noch sehr lang erscheint, muss manchmal der Blick einzig auf den nächsten Schritt gerichtet bleiben, um durchzuhalten – einen Schritt nach dem anderen, einen Fuß vor den anderen.

Trainieren Sie, gute Dinge wahrzunehmen. Diese Fähigkeit gerät in schwierigen Zeiten leicht in den Hintergrund und droht zu verkümmern, weil sich große, wichtige und schwierige Themen in den Vordergrund drängen. Um die guten und nährenden Momente bewusst wahrzunehmen und zu zelebrieren, braucht es kein großes Feuerwerk. Aber Sie dürfen aktiv nachhelfen, sie nicht einfach vorbeiziehen zu lassen und ihnen bewusst Raum zu geben: Lassen Sie keinen Tag verstreichen, an dem es nicht zumindest eine Tasse Kaffee, ein Stückchen Schokolade, ein Schmunzeln oder einen kostbaren Moment gegeben hat, der – wenn vielleicht auch nicht vollkommen gut – doch ein kleines bisschen weniger furchtbar war als der Rest des Tages. Vielleicht gewöhnen Sie sich an, ein Foto zu machen in dem Moment, wenn etwas tröstlich, lecker, lustig, weich, ruhig oder irgendwie angenehm war. Ganz egal, was dieses Foto dann zeigt – Ihre Dusche oder ein hübsches Herbstblatt auf dem Boden: Es hält Ihre Fähigkeit am Leben, Gutes zu bemerken, es dankbar anzunehmen und wertzuschätzen.

Seien Sie freundlich zu sich selbst, immer und immer wieder. Und ja: Der Begriff »Selbstliebe« ist für viele Menschen in Krisenzeiten weit weg von allem Vorstellbaren. Doch Akzeptanz und Respekt reichen auch, um uns anderen Menschen gegenüber anständig zu verhalten. Bei uns selbst sollte es genauso sein. Wenn es Ihnen zurzeit schwerfällt, Selbstliebe zu empfinden, genügt es, zu akzeptieren, wer Sie in der Krise gerade sind und zu respektieren, dass Sie Ihr Bestes geben. Wenn das gelingt, folgen Sie nicht der Melodie, die die Krise so oft in uns anstimmt.

Geben Sie der Zeit selbst und aktiv eine Bedeutung und ändern Sie Ihre Perspektive und Ansprüche so, dass die Melodie ermutigend, tröstlich und freundlich ist. Und auch ein ganz praktischer Tipp lässt sich aus diesem Bild ableiten: Kreieren Sie Playlists. Das ist kein Scherz! Wir alle kennen Musik, die gute Erinnerungen, aber auch Gefühle von Trost, Energie, Hoffnung oder einfach gute Laune aufleben lässt. Nutzen Sie diese Ressource und laden Sie Lebensfreude hoch. Aber Vorsicht, denn das gleiche Prinzip funktioniert auch umgekehrt und es gilt sehr achtsam bei der Auswahl zu sein. Es gibt eine große Versuchung, solche Musik auszuwählen, die die stärksten Gefühle auslöst. Das ist hier nicht uneingeschränkt zielführend. Denn dann droht die Gefahr, dass wir nicht Kraft und Lebensfreude hochladen, sondern unversehens in alten Schmerz oder Verlassenheitsgefühle rutschen.

Tipp 2: Weglassen statt mehr machen

In vielerlei Hinsicht ticken wir Menschen so, dass wir glauben, mehr sei besser: mehr Besitz, mehr Anerkennung, mehr Leistung. Sogar unser Kopf löst Probleme lieber dadurch, dass er Dinge hinzufügt, als dadurch, dass er etwas weglässt. Wir überlegen eher, was wir tun, als was wir lassen können.

In Krisenzeiten kann das sehr anstrengend werden. Während die wachsende Erschöpfung ein »Mehr« immer schwieriger oder sogar unmöglich macht, folgen wir doch gleichzeitig unserem gewohnten Impuls, irgendetwas Zusätzliches ausdenken, probieren oder tun zu müssen, um besser klarzukommen. Eine Zusatzbelastung, die die bereits vorherrschende Erschöpfung und Überforderung nur noch verstärkt.

Prüfen Sie gut und misten Sie aus! Damit ist nicht der Kleiderschrank, sondern Ihr Alltag gemeint. Spüren Sie, was Ihnen guttut, und beschränken Sie sich, soweit es geht, darauf. Essen Sie Lebensmittel, die Ihnen bekommen, und lassen Sie die weg, die Ihnen nicht bekommen; sparen Sie sich die eine Tasse Kaffee, von der Sie eigentlich wissen, dass sie zu viel ist. Verbringen Sie am meisten Zeit mit den Menschen, die Ihnen guttun, und reduzieren Sie anstrengende und aufreibende Kontakte, wo auch immer möglich. Achten Sie darauf, sich in Ihren Planungen genug Luft zum Atmen zu lassen und halten Sie aus, wenn es Zeiten gibt, die nicht vollständig durchgetaktet sind. So halten Sie sich Raum frei für alles, was ohne Plan zusätzlich daherkommt, oder um immer mal wieder durchzuatmen.

Tipp 3: *Sich gut versorgen*

Kümmern Sie sich gut um Ihren Körper! In Krisenzeiten dürfen wir ihn, sein Dasein und sein Funktionieren nicht einfach als selbstverständlich voraussetzen. Er leistet – wie auch unser Denken und Fühlen – Schwerstarbeit. Er muss mit einem »Dauercocktail« an Stresshormonen zurechtkommen, gleichzeitig neue Herausforderungen bewältigen und vielleicht einen neuen Rhythmus aushalten. Einfach gesagt, muss er jeden Tag unter schwersten Bedingungen aufstehen und uns treu zur Seite stehen. Das verdient nicht nur Anerkennung, sondern auch bestmögliche Unterstützung.

Dazu gehören all die Dinge, die unserem Körper helfen, stabil zu bleiben. Und es gehören die Ruhepausen dazu, die er braucht, um zu regenerieren.

Ansatzpunkte zum Auftanken, die Sie nutzen können, sind zum Beispiel:

- Nahrungsmittel, die möglichst vollwertig sind und die Sie gut vertragen.
- Ausreichend Flüssigkeit, am besten ohne Zucker, idealerweise viel Wasser.
- Gutes Augenmaß bei Koffein, Zucker und Alkohol.
- Pflege Ihres Körpers, damit er immer gut versorgt funktionieren kann.
- Ab und zu etwas, das Sie einfach nur verwöhnt und Ihnen ein Gefühl von Freude, kleinem Luxus oder Ausnahme schenkt.

Dinge, die zu den notwendigen Ruhepausen zählen, sind unter anderem:

- Schlafen und ausruhen, wenn Sie erkennen, dass Ihr Körper erschöpft und Ihre Kraft aufgebraucht sind.
- Zeiten, in denen Sie ganz bewusst Ihre Muskeln entspannen oder dehnen (siehe weiter unten: »Den Panzer in eine Rüstung verwandeln«).
- Bewegung! Damit ist nicht unbedingt Sport gemeint, es kann auch einfach ein Spaziergang um den Block sein oder ein kleines Programm, das dem Körper ermöglicht, eine seiner wichtigsten Funktionen auszuüben, nämlich aktiv zu sein, sich zu bewegen.

Wie auch immer Ihr persönlicher Plan aussehen mag: Wichtig ist einzig, dass Sie Ihre körperliche Stabilität nicht dem Zufall überlassen. Das können wir uns nur über eine kurze Zeit, nie aber über eine lange Krise hinweg leisten.

Tipp 4: ***Große brauchen Große***

Kinder orientieren sich auch in Krisen an ihren Großen. Sie sind also gerade auch in schwierigen Zeiten Vorbild für Ihre Kinder, auf welches diese schauen, um abzulesen, wie schlimm die Situation ist, aber auch, wie mit ihr umzugehen ist. Und ja, die ungefilterte Intensität erwachsener Verzweiflung, Frustration oder Überforderung kann Kinder tief verunsichern und verängstigen. Das Wissen darum kann Eltern Druck machen und im schlimmsten Fall dazu führen, dass sie ein tapferes Gesicht aufsetzen und ihre Gefühle nicht zeigen oder zulassen. Das ist aber weder sinnvoll noch gesund, nicht für Sie und auch nicht für Ihre Kinder. Kinder sollen und dürfen erfahren, dass es schwierige Zeiten gibt. Gleichzeitig brauchen sie die Sicherheit, dass Sie vorangehen, den nächsten

Schritt kennen und alle Unterstützung an Bord holen, die Sie benötigen.

Stellen Sie sich also gut auf und holen Sie sich Menschen an Ihre Seite, die das mitbringen, was Sie gerade brauchen, um auf den Füßen zu bleiben. Das kann eine Person sein, die Sie tröstet, eine Person, die Sie ablenkt und mit schwierigen Themen in Ruhe lässt, oder eine Person, an deren Seite Sie zur Ruhe finden. Wählen Sie Menschen, in deren Gegenwart Sie sich als Ihre eigene beste Version fühlen und mit denen Sie nicht in Konkurrenz gehen müssen. Menschen, die zuhören und Ihre Grenzen respektieren, die bereit sind, Sie so zu unterstützen, wie Sie es gerade besonders dringend brauchen, ohne Ihnen etwas vorzumachen.

Entwickeln Sie …

1. … ein Gefühl dafür, was Sie brauchen.
2. … eine Idee, wer dabei wie helfen kann.
3. … das Selbstbewusstsein, genau darum zu bitten.

Insbesondere der letzte Punkt ist von großer Bedeutung, da Menschen sonst, obwohl sie uns helfen wollen, versehentlich in die falsche Richtung abbiegen können. Das kann dazu führen, dass diese Menschen raten, was Ihnen helfen könnte und dann mit Ihnen über schwierige Themen sprechen, obwohl Sie gerade eine Ablenkung oder Pause brauchen. Oder sie holen ihre besten Aufheiterungskünste aus dem Werkzeugkasten, obwohl Sie eigentlich eine Schulter zum Ausweinen brauchen. Trauen Sie sich und äußern Sie ohne Umschweife, was Sie sich wünschen. Viele Menschen sind sehr dankbar, wenn sie gesagt bekommen, wie sie helfen können.

Tipp 5: ***Auszeiten nehmen***

Wenn sich Ihr Leben gerade anstrengend und wie eine einzige große Herausforderung anfühlt, ist es sehr wichtig, bewusst Gegengewichte zu schaffen. Anhaltende Herausforderung wird leicht zu Überforderung – und Überforderung bringt Gefühle von Bedrohung und letztlich Angst mit sich. Um diesem ständigen Gefühl von Angst, das typisch ist für Lebenskrisen, etwas entgegenzusetzen, braucht es Zeiträume, die frei sind von Anforderungen. Momente, in denen niemand etwas von Ihnen will, Sie sich nur auf sich besinnen und ganz bewusst Folgendes tun:

Sperren Sie alles für einen Moment aus und bringen Sie sich in Sicherheit. Im übertragenen Sinne im Inneren oder auch praktisch nach außen: Tür zu!

Gehen Sie diesen Schritt bewusst, nehmen Sie ihn wahr und speichern Sie ab, dass dies etwas ist, das *Sie* in der Hand haben und das *Sie* ganz selbstbestimmt tun. Das hilft gegen Gefühle von Bedrohung und Hilflosigkeit: Zuerst ganz bewusst besinnen und sich in Sicherheit bringen, Verschnaufpause einläuten – und dann tun, was auch immer Ihnen jetzt guttut: sich einfach ablenken, einige Momente der Ruhe genießen, in einem schönen Buch lesen, das Lieblingslied hören, eine Tasse Tee trinken, sich einem Hobby widmen … Konzentrieren Sie sich darauf, dass diese Zeit nur für Sie selbst da ist, sie dient nicht dazu, Probleme zu wälzen, über den nächsten Schritt nachzudenken oder im Kopf die Einkaufsliste zu vervollständigen. Investieren Sie ein kleines bisschen scheinbar sinnfreie Zeit *nur in sich selbst.*

Das wiederholen Sie am besten jeden Tag – und ja, wahrscheinlich geht das nicht immer für eine ganze Stunde, vielleicht aber manchmal doch, wenn diese bewusst eingerichtet und ernst genommen wird. Manchmal haben wir die Idee, Zeit wäre etwas, das wir haben oder nicht haben, ohne dass wir Einfluss darauf nehmen können. Dem ist aber nicht so.

Die vielen großen und kleinen Tätigkeiten, Sorgen, Aufgaben und alles, was jeden Tag passiert, all das hat die Tendenz, jede freie Minute sofort auszufüllen und uns mit dem Gefühl zurückzulassen: »Ich habe keine Zeit.« Sicher müssen Sie gerade jetzt jede Menge Zeit für viele verschiedene Dinge aufbringen. Dinge, die zu Ihrem täglichen Leben gehören, und Dinge, die vielleicht mit der schwierigen Situation zusammenhängen, in der Sie sich befinden: Termine, Gespräche, Arztbesuche … Viele Aufgaben, die keinen Aufschub dulden. Für all dies schaffen Sie Raum, ob Sie wollen oder nicht, selbst wenn es schwierig ist. Aber was wäre, wenn Sie ernstnähmen, dass Sie selbst Ihre wichtigste Ressource, das wichtigste Werkzeug in dieser Krise sind? Wenn Sie bewusst annähmen, dass das Zu-sich-Kommen kein Luxus ist, den Sie sich nun wirklich gerade nicht leisten können, sondern *ein unbedingtes Muss*, ohne das es nicht geht? Nehmen Sie sich und die Krise ernst. Nehmen Sie sich vor, jeden Tag etwas Zeit für sich zu finden, sich mit sich selbst zu verabreden, um das Boot, mit dem Sie im Sturm unterwegs sind, zu inspizieren und zu ölen. Sicher ist es schön, wenn es immer wieder einmal gelingt, eine ordentliche Auszeit von einer oder mehreren Stunden zu haben. Aber auch 15 Minuten sind genug Zeit, um den Kontakt zu sich selbst zu pflegen. Nicht machbar? Dann nehmen Sie sich zehn Minuten. Geht nicht? Dann fünf! Jeden Tag aufs Neue.

Nicht die Zeitdauer ist der entscheidende Faktor, sondern die Verbindung mit sich selbst, die treu gehalten wird, und das Erleben, nicht ausgeliefert zu sein, sondern immer wieder – wenn auch nur kurz – etwas in der Hand zu haben und steuern zu können.

Wenn alles andere gerade utopisch klingt, nutzen Sie dafür ruhig auch Zeitfenster, die es ohnehin schon in Ihrem Leben gibt. Das morgendliche Duschen, das Abwaschen, die fünf Minuten, in denen Sie das Altpapier rausbringen. Bleiben Sie in Ihrer Tätigkeit, aber nehmen Sie bewusst wahr, dass Sie gerade einmal kurz auf Pause drücken. Lassen Sie alle Nebengedanken los. Ruhen Sie einen Moment lang aus, einzig in dem, was Sie gerade tun. Atmen Sie durch.

Tipp 6: ***Den Panzer in eine Rüstung verwandeln***

Wahrscheinlich geht es Ihnen wie ganz vielen Menschen und Sie haben schon oft den Rat bekommen: »Du musst dich mal entspannen!« Diese wohlgemeinte Aufforderung hat sicher einen fürsorglichen Kern, leicht zu erfüllen ist sie in schwierigen Zeiten allerdings nicht. Viele Menschen stresst sie sogar zusätzlich – sie lässt dann das ungute Gefühl entstehen, an Sie gestellte Erwartungen nicht erfüllen zu können. Woran liegt das?

Wir haben uns schon angeschaut, dass Stress mit einer hohen Anspannung einhergeht. (Siehe Kapitel »Eine Lebenskrise – was ist das eigentlich?«) Wenn eine Lebenskrise Dauerstress bedeutet, hat sie also auch ganz viel mit Daueranspannung zu tun.

Eine solche bleibende Anspannung über einen langen Zeitraum kann aber nicht nur sehr viel Kraft kosten, sondern auch nach und nach zu einem Panzer werden. Dieser macht über die Zeit immer unbeweglicher und sperrt irgendwann eher ein, als dass er schützt. Und durch dieses Bild wird auch deutlich, warum der Rat, »sich zu entspannen«, häufig an den Gegebenheiten vorbeigeht: Ein Panzer lässt sich nicht entspannen! Sehr wohl aber kann er bewegt und dadurch immer wieder gelockert werden. Dieses

Detail – nicht Entspannung, sondern Dehnung – macht hier den großen Unterschied. Denn Dehnung als eine Mischung aus Bewegung und Lockerung hat gleich zwei Vorteile: Eine wichtige Seite unserer Basis, die Beweglichkeit, wird gefördert. Außerdem verhindern wir wirkungsvoll, dass sich unsere »Panzerung« verselbstständigt und unbemerkt immer fester wird. So kann aus einem Panzer eine Rüstung werden, die uns schützt, aber flexibel genug ist, mit jeder unserer Bewegungen mitzugehen.

Maßnahmen, die besonders hilfreich sind, unsere Rüstung beweglich zu halten, sind zum Beispiel:

- Stretching, das die Flexibilität von Muskeln und Gelenken fördert. Bitte achten Sie gut auf Ihre Grenzen und gehen Sie nur so weit, dass die Dehnung spürbar, aber nicht schmerzhaft ist. Es gibt viele kostenlos abrufbare Videos auf Online-Plattformen, mit denen Sie Stretching ausprobieren können.
- Yin-Yoga, das durch lange gehaltene Positionen hilft, den Körper zu spüren, und das zu mehr Bewegungsfreiheit und flexibleren Muskeln führt. Auch für Yin-Yoga ist das Internet eine gute erste Quelle. Online-Plattformen bieten eine große Auswahl, mit der Sie sich einen Eindruck verschaffen können.
- Für manche Menschen ist auch eine sanfte (Selbst-)Massage geeignet, die die Muskeln lockert. Sollten Sie noch keine Erfahrung mit Massagen haben, machen Sie vielleicht erst einen Selbstversuch, um herauszufinden, ob Ihnen diese Art der Lockerung liegt. Für manche Menschen sind Massagen eher mit einem Gefühl von Ausgeliefertsein verbunden oder führen dazu, dass sich emotionaler Schmerz löst. Andere empfinden Massagen als sehr hilfreich. Prüfen Sie bitte, was für Sie richtig ist.

Wenn Sie in Sorge sind, ob diese Maßnahmen für Sie geeignet sind, weil Sie unter körperlichen Beschwerden oder Einschränkungen leiden, holen Sie bitte im Vorfeld ärztlichen Rat ein.

Eine kleine Sache, die sehr wirkungsvoll ist und ganz problemlos in Ihre normale Körperpflege integriert werden kann, ist folgende: Vorausgesetzt, Sie vertragen es, besorgen Sie sich ein Glas Kokosöl. Dieses Öl ist bei Zimmertemperatur fest und verflüssigt sich erst, wenn es wärmer wird. Nehmen Sie ein etwa erbsengroßes Stück Kokosöl und massieren Sie es zu Beginn Ihrer Pflegeroutine in die Gesichtshaut ein. Die gut verträgliche und pflegende Eigenschaft des Öls ist ein schöner Nebeneffekt, an dieser Stelle steht aber die Gesichtsmassage im Vordergrund. Vielleicht spüren Sie, während Sie Ihr Gesicht massieren, wie viel Spannung sich über den Tag in den Muskeln des Schläfenbereichs, des Kiefers und rund um den Mund aufgebaut hat. Bewegen Sie mit den Fingerspitzen die Gesichtshaut und die darunterliegenden Muskeln und lassen Sie diese ganz bewusst locker werden. Das Öl lässt sich anschließend problemlos mit einem Waschlappen wieder abnehmen, den Sie vorher mit warmem Wasser anfeuchten. Wenn Sie den warmen Waschlappen ein wenig auf Ihrem Gesicht liegen lassen, trägt dies zusätzlich zur Entspannung bei. Im Anschluss können Sie Ihr Gesicht wie gewohnt reinigen. Das gleiche Prinzip funktioniert auch gut unter der Dusche, indem Sie ein wenig Öl in Ihre Arme oder Beine massieren, um so die Anspannung zu reduzieren.

All diese Möglichkeiten der Lockerung sind eine ideale Vorbereitung für die nun folgende dreiteilige Übung, die besonders gut wirken kann, wenn wir unsere körperliche Anspannung schon etwas reduziert haben und die uns hilft, unseren Stand und unsere Beweglichkeit zu schulen.

»Das Dreimaleins für jeden Tag«

Die drei folgenden Übungen können Ihnen helfen, jeden Tag von morgens bis abends unterstützend zu begleiten und Ihren Stand und Ihre Orientierung stärken. Probieren Sie es aus und setzen Sie sich selbst das Ziel, es zehn Tage lang zu versuchen.

Wenn Sie morgens »den Tag auf Spur bringen«, so geht es auf jeden Fall in die richtige Richtung. Die Übung richtet jeden Tag aus, ganz egal, welche Kurven er bis zum Abend noch nehmen wird. An jedem Morgen frischen wir so den Kurs auf, den wir uns gesetzt haben.

»Zwischendurch und immer wieder« hilft im Verlauf des Tages dabei, in Kontakt mit uns selbst zu bleiben und Entscheidungen zu treffen, die dazu beitragen, dass wir möglichst stabil und trittsicher bleiben.

Der »Abendcheck« schließlich zeigt uns, ob wir an diesem Tag die wichtigsten Trittsteine für Stabilität legen konnten. Dieses Resümee soll helfen, Frieden damit zu schließen, wie es war – und alles zu feiern, was wir an diesem Tag im Rahmen unserer momentanen Möglichkeiten und unter den gegebenen Umständen geschafft haben.

»Den Tag auf Spur bringen« für jeden Morgen

Diese Übung soll dazu dienen, mindestens einmal am Tag aus der Anspannung herauszutreten, denn unter Daueranspannung vergessen wir leicht, wie sich das anfühlt. Grund genug, uns einmal am Tag daran zu erinnern!

Mehr muss es gar nicht sein, ein Moment am Tag reicht. Das ist eine wichtige Grundhaltung, wenn eine Übung in Krisenzeiten funktionieren soll. Einem hochangespannten und auf Problemlösung ausgerichteten System zu sagen: »Ich nehme dir die Spannung«, kann zu großer Abwehr führen. Ganz verständlich, wie ich finde! Immerhin ist die hohe Anspannung nicht von ungefähr entstanden. Sie hat einen guten Grund und erfüllt einen wichtigen Zweck.

Stellen Sie sich also vor, dass Sie Ihre Rüstung einmal am Tag kurz an den Kleiderhaken hängen, z.B. zum Duschen. Dabei wird Ihnen nichts genommen, das Sie gerade dringend brauchen. Sie lassen Ihre Anspannung lediglich für einen Moment und auch nur so weit los, wie Sie es gut aushalten können. Sie machen nur eine kleine Pause, um einmal durchzuatmen und Ihren Körper an sein Repertoire jenseits von Anspannung zu erinnern, damit er es nicht vergisst. Nach der Übung dürfen Sie die Rüstung sofort wieder anlegen.

Menschen können unter Stress kurzzeitig große Leistungen abrufen, Dauerstress schränkt die Vielfalt der Denkmöglichkeiten und Handlungsoptionen aber massiv ein. Alles, was wir unter Höchststress ausschalten, weil es für den Notfall zu viel Zeit kostet – wie zum Beispiel Impulse erst zu prüfen und nicht sofort zu reagieren, kluge Entscheidungen mit Weitblick zu treffen, vorauszuplanen und mit unserer Kraft hauszuhalten –, ist elementar wichtig, wenn wir eine längere schwierige Strecke in unserem Leben bewältigen müssen.

Diese Übung hat drei Teile und wirkt dem Ausschalten dieser wichtigen Fähigkeiten entgegen. Sie ist wie ein Reinigungs- und Ladeprogramm in unserem Handy, das unnötige Programme beendet, Speicherplatz freigibt, alles reinigt und sicherstellt, dass der Akku volle Leistung hat. Wenn Sie möchten, können Sie sie auch als eine Art Virenschutz betrachten.

Natürlich ist es Ihnen völlig freigestellt, ob Sie alle drei Teile der Übung miteinander verbinden oder nur den ersten Teil ausprobieren wollen. Es kann sich aber durchaus lohnen, alle drei Teile zusammen auszuprobieren, selbst wenn sich vor allem der zweite Teil zunächst ungewohnt und fremd anfühlen mag. Das kostet nicht viel Zeit, könnte aber zu interessanten Einsichten führen.

Die Übung funktioniert im Sitzen und im Liegen, wenn Sie sie ablesen oder wenn Sie sie einfach in Gedanken durchgehen. Sie funktioniert, wenn Sie sich alles spürbar vorstellen können, aber auch, wenn Sie die Worte einfach nur mitdenken. Es kann also nichts schiefgehen und Sie können nichts verkehrt machen.

Wir bleiben noch ein wenig beim Handy-Vergleich, da er für viele Menschen gut nachvollziehbar ist. Für den Teil der Übung, in dem Sie sich vorstellen, Kraft aufzunehmen und Ihren Akku aufzuladen, können Sie probieren, welches Bild Ihnen mehr liegt. Manche Menschen fühlen sich wohler, wenn sie sich vorstellen, in einer passgenauen Ladeschale zu liegen und über die Kontaktflächen unter dem Körper Energie aufzunehmen. Anderen fällt es leichter sich vorzustellen, dass die Energie von oben wie auf Solarzellen scheint und so Kraft in den Körper fließen lässt. Probieren Sie ruhig beides für sich aus oder wechseln Sie je nach Tagesbefinden ab.

Übung: Den Tag auf Spur bringen (Teil 1)

1. Beginnen Sie die Übung, indem Sie es sich in einer Haltung bequem machen, in der Sie Ihr Körpergewicht nicht aktiv tragen müssen.

2. Stellen Sie sich vor, wie Ihr Körper entweder durch eine passgenaue Ladeschale oder aber über Solarzellen auf Ihrem Körper Kontakt zu einer Kraftquelle herstellt.
3. Atmen Sie dreimal kräftig durch die Nase ein, füllen Sie Ihren Körper mit Energie und atmen Sie durch den Mund vollständig wieder aus.
4. Atmen Sie nun, ohne weiter darüber nachzudenken, so wie es Ihnen angenehm ist (durch Mund oder Nase) und in Ihrem eigenen Tempo weiter. Richten Sie dabei Ihre Gedanken auf verschiedene Bereiche Ihres Körpers.
5. Richten Sie Ihre Aufmerksamkeit zuerst auf Ihren Bauchraum als den Bereich, in dem wir Gefühle (aus)halten. Stellen Sie sich vor, wie Sie bei jedem Einatmen Sonnenlicht wie eine Reinigungsflüssigkeit in Ihren Bauchraum einströmen lassen. Atmen Sie aus, und stellen Sie sich vor, wie alle Rückstände großer Gefühle mit hinausgespült werden und der Bereich blitzblank zurückbleibt. Wiederholen Sie diesen Schritt so oft, wie er Ihnen guttut.
6. Richten Sie Ihre Aufmerksamkeit nun auf Brustraum und Arme als die Bereiche, in denen wir Mitgefühl (für uns und andere) halten und tätig werden. Stellen Sie sich vor, wie Sie bei jedem Einatmen flüssiges Sonnenlicht in diesen Bereich einströmen lassen. Atmen Sie aus, und stellen Sie sich vor, wie alle Rückstände großer Gefühle und alle Anstrengung mit hinausgespült werden und der Bereich frisch und sauber zurückbleibt. Wiederholen Sie auch diesen Schritt so oft, wie Sie möchten oder es brauchen, um das gewünschte Gefühl zu erzeugen.
7. Nun sind Hals und Kehle an der Reihe als die Bereiche, die dafür zuständig sind, für uns und andere zu sprechen. Stellen

Sie sich vor, wie Sie bei jedem Einatmen flüssiges Sonnenlicht in diesen Bereich einströmen lassen. Stellen Sie sich beim Ausatmen vor, wie alle Rückstände der vergangenen Zeit fortgespült werden und wiederholen Sie diesen Schritt, so oft Sie mögen.

8. Der letzte Bereich, auf den Sie Ihre Aufmerksamkeit lenken, liegt direkt hinter Ihrer Stirn. Besonders gut gelingt das, indem Sie quasi mit geschlossenen Augen von innen auf den Punkt mittig hinter Ihrer Stirn schauen. Schicken Sie mit jedem reinigenden Einatmen Sonnenlicht an diese Stelle, an der unser Denk- und Intuitionswerkzeug sitzt, und lassen Sie mit jedem Ausatmen alle Gedanken und Ideen Platz für neue machen. Bleiben Sie bei diesem Schritt, so lange Sie möchten.
9. Gehen Sie noch einmal alle Bereiche nacheinander durch. Überprüfen Sie, ob die Gefühle von Weite, Licht und Entspannung noch anhalten oder Sie noch einmal »nachlegen« wollen. Wenn es noch ein paar Atemzüge für den einen oder anderen Bereich braucht, wiederholen Sie diese, bis Sie sich wohlfühlen.

Da sich Anspannung nicht nur körperlich, sondern auch in unseren Gedanken festsetzt, gehen Sie, wenn Sie mögen, mit dem zweiten Teil der Übung nun einen Schritt weiter. Sie haben auch die Möglichkeit, die Übung an dieser Stelle zu beenden oder mit Teil 3 fortzufahren.

Übung: Den Tag auf Spur bringen (Teil 2)

1. Bleiben Sie in Ihrem kraftvollen und entspannten Zustand und sagen Sie sich in Gedanken:
   »Ich lasse allen Schaden los, den andere mir in Gedanken, Worten oder Taten, wissentlich oder unwissentlich, zugefügt haben, und alles, was noch nach mir greift.«
   Wiederholen Sie den Satz so oft, wie er noch Kraft hat, eine Resonanz erzeugt oder Ihnen Dinge einfallen, auf die er sich beziehen könnte. Keine Sorge: Sie müssen nicht einmal an ihn glauben, damit die Übung wirkt.

   Es kann sein, dass es Ihnen schwerfällt, diesen Satz zu sagen oder auch nur zu denken. Wir Menschen halten Schmerz und Verletzungen manchmal aktiv fest, weil sich Loslassen so anfühlen kann, als würden wir vergessen, nicht ernst nehmen, gutheißen, unsere Deckung vernachlässigen, entschuldigen. All das ist nicht der Fall. Das Wichtige an Verletzungen sind ihre Folgen, zu denen wir uns verhalten müssen und können. Sie sind immer noch da, auch wenn wir loslassen, genau wie all das, was wir aus dem Schaden lernen können.
   Wir entscheiden lediglich aktiv, was wir an diesem Tag mit uns herumtragen wollen und was wir los- oder bei anderen lassen wollen. So bringen wir uns in eine Position der Stärke und verschaffen uns immer wieder eine »frische Leinwand« für den Tag. Zusätzlich hilft uns diese Übung mit ihrem Satz, Groll und Energiefressern, die aus Verletzungen entstanden sind, auf die Schliche zu kommen. So erkennen wir, wo Schmerz liegt und wo es vielleicht wirklich einmal eine Klärung, Trost oder ein Weitergehen braucht.

2. Sagen Sie als Nächstes in Gedanken:

   »Ich lasse allen Schaden los, den ich anderen in Gedanken, Worten oder Taten, wissentlich oder unwissentlich, zugefügt habe.«

   Auch dieser Punkt kann nahegehen, denn er führt uns vor Augen, was wir vielleicht am vergangenen Tag selbst gesagt oder getan haben, das andere verletzt hat, was unbedacht oder unangemessen war. Dieser Schritt hilft, die Last zu verwandeln. Es geht darum, anzuerkennen, dass wir alle aus Schmerz oder Angst Fehler machen, aus diesen zu lernen und sich etwas anderes vorzunehmen. Darin liegt viel mehr Kraft als in einem schlechten Gewissen oder einer Rechtfertigung.

3. Sagen Sie zum Schluss:

   »Ich lasse allen Schaden los, den ich mir selbst in Gedanken, Worten oder Taten, wissentlich oder unwissentlich, zugefügt habe.«

   Auch zu uns – unserem Körper, unserem Herzen, unserem Selbst – sind wir manchmal nicht so gut, wie wir es sein sollten. Das kann aus Unachtsamkeit, Nachlässigkeit oder Erschöpfung heraus passieren oder aber, weil wir uns selbst strafen wollen oder die Hoffnung verloren haben. Dieser Schritt hebt die Fürsorge uns selbst gegenüber auf eine Stufe mit der Verantwortung anderen gegenüber. Jeden Tag einmal wahrzunehmen, wann wir nicht gut zu uns selbst waren, und dann nicht stehen zu bleiben, sondern neu zu starten, bringt uns liebevoll mit uns selbst und unseren Bedürfnissen in Kontakt.

   Wenn Sie möchten, beenden Sie die Übung mit ein paar abschließenden Atemzügen oder gehen Sie zu Teil 3 über.

Wenn dieser zweite Teil verstörend oder überfordernd für Sie ist, überspringen Sie ihn ruhig. Vielleicht zeigt sich Ihnen hier, dass es noch nicht möglich ist, für einen Moment aus den schmerzhaften Verstrickungen Ihrer Lebenssituation herauszutreten. Nutzen Sie einfach Teil 1 der Übung für sich oder versuchen Sie eine Kombination aus Teil 1 und Teil 3.

Übung: Den Tag auf Spur bringen (Teil 3)

Gehen Sie mit der Aufmerksamkeit zurück zu Ihrem anfänglichen Bild von der Ladeschale oder den Solarzellen (Teil 1). Atmen Sie die Energie von unten (oder oben) kraftvoll durch die Nase ein und lassen Sie sie in Ihren ganzen Körper fließen. Dabei können Sie sich ein wenig strecken oder größer machen, wenn sich das gut anfühlt. Beim Ausatmen stellen Sie sich nun vor, dass Sie mit der Energie eine Schutzhülle rund um Ihren Körper aufblasen. Diese Schutzschicht kann Sie den ganzen Tag begleiten und Sie können immer wieder mit der Wahrnehmung zu ihr zurückkehren. Wenn Sie möchten, können Sie sich genau ausmalen, welche Größe und Farbe Ihre Schutzhülle hat, ob sie zum Beispiel völlig transparent oder zart farbig schimmernd ist. Der Fantasie sind dabei keine Grenzen gesetzt. Manchmal wird die Vorstellung dadurch noch lebendiger und leichter abrufbar. Investieren Sie drei tiefe Atemzyklen und strecken Sie sich am Ende der Übung genüsslich.

Leseseite für den Morgen

Den Tag auf Spur bringen (Teil 1)

Nimm eine bequeme Körperhaltung ein, leg dich hin oder lehne dich an.

Stell dir vor, wie dein Körper in einer passgenauen Ladeschale liegt oder über Solarzellen Kontakt zu einer Kraftquelle herstellt.

Atme dreimal kräftig durch die Nase ein, fülle deinen Körper mit Energie und atme durch den Mund vollständig wieder aus. Atme entspannt und in deinem Tempo weiter.

Richte deine Aufmerksamkeit auf deinen Bauchraum, der sich weitet und entspannt. Atme flüssiges Sonnenlicht in diesen Bereich, mit dem wir Gefühle (aus)halten. Spüle mit dem Ausatmen alle Rückstände großer Gefühle hinaus. Wiederhole diesen Schritt so oft, wie er guttut.

Richte deine Aufmerksamkeit auf Brustraum und Arme, die loslassen und sich entspannen. Atme flüssiges Sonnenlicht in diesen Bereich, wo Mitgefühl für uns und andere wohnt. Spüle mit dem Ausatmen alle Anstrengung hinaus. Wiederhole diesen Schritt so oft, wie er guttut.

Richte deine Aufmerksamkeit auf Hals und Kehle, die weit werden und sich lösen. Atme flüssiges Sonnenlicht in diesen Bereich, mit dem wir für uns und andere sprechen. Spüle mit dem Ausatmen alles, was dort vom letzten Tag noch übrig ist, hinaus. Wiederhole diesen Schritt so oft, wie er guttut.

Richte als Letztes deine Aufmerksamkeit auf den Punkt direkt hinter deiner Stirn, der nachgibt und weich wird. Atme flüssiges Sonnenlicht in diesen Bereich, wo unsere Gedanken und unsere Intuition ihren Platz haben. Lass mit jedem Ausatmen Platz für neue Gedanken und Ideen entstehen und wiederhole diesen Schritt so oft, wie er dir guttut.

Genieße das Gefühl von Weite, Licht und Klarheit in allen Körperbereichen und mach noch ein paar Atemzüge für den einen oder anderen Bereich, bis du dich wohlfühlst.

Den Tag auf Spur bringen (Teil 2)

Sage in Gedanken:

»Ich lasse allen Schaden los, den andere mir in Gedanken, Worten oder Taten, wissentlich oder unwissentlich, zugefügt haben und alles, was noch nach mir greift.«

Wiederhole den Schritt, bis es in dir ruhiger wird.

Sage in Gedanken:

»Ich lasse allen Schaden los, den ich anderen in Gedanken, Worten oder Taten, wissentlich oder unwissentlich, zugefügt habe.«

Wiederhole den Schritt, bis es in dir ruhiger wird.

Sage in Gedanken:

»Ich lasse allen Schaden los, den ich mir selbst in Gedanken, Worten oder Taten, wissentlich oder unwissentlich, zugefügt habe.«

Wiederhole den Schritt, bis es in dir ruhiger wird.

Den Tag auf Spur bringen (Teil 3)

Geh mit der Aufmerksamkeit zurück zu deinem anfänglichen Bild von der Ladeschale oder den Solarzellen.

Atme die Energie von unten (oder oben) kraftvoll durch die Nase ein und lasse sie durch deinen ganzen Körper fließen. Atme aus und stelle dir vor, dass diese Energie eine Schutzhülle rund um deinen Körper formt.

Wenn du möchtest, überlege, welche Farbe und Textur deine Schutzhülle heute haben soll. Atme noch zweimal auf diese Art ein und aus.

Strecke dich zum Ende der Übung genüsslich und hab einen guten Tag!

Wie schon erwähnt, liegt die Kraft dieser Übung in der regelmäßigen Wiederholung. Mit ein wenig Übung brauchen Sie nur fünf Minuten für einen Durchgang, falls Sie nicht nach und nach Lust bekommen, sich ein wenig mehr Zeit dafür zu nehmen. Teil 3 der Übung können Sie außerdem als »Superpower to go« nutzen und diese im 30-Sekunden-Schnelldurchlauf einsetzen, wenn Sie in stressigen Situationen das Gefühl haben, den Boden unter den Füßen zu verlieren.

Die Anleitung, die Sie gerade gelesen haben, hat viele Hinweise und Kommentare beinhaltet, damit Sie die Übung verstehen und gut hineinfinden können. Auf der folgenden Seite finden Sie die Anleitung in einer Kurzfassung ohne Erklärungen in »Du-Form«, die Sie zur Durchführung der Übung lesen können.

»Zwischendurch und immer wieder« für den Tag

Diese Übung ist im Grunde schnell erklärt: Es geht darum, das Richtige zu tun. Die Definition und Ausrichtung von »richtig« ist dabei von großer Bedeutung. Gemeint ist mit »richtig« nicht, dass Sie alle Erwartungen an sich selbst erfüllen müssen oder sich selbst gegenüber streng sein sollen, um nicht zu verweichlichen – gemeint ist vielmehr, zu tun, was nötig ist, um möglichst gut in der Balance zu bleiben.

Übung: Zwischendurch und immer wieder

Das Koordinatensystem festlegen – Balance ist das Ziel

Lauschen Sie auf Ihre innere Stimme und lernen Sie, an welchen Gedanken, Gefühlen, Körperempfindungen oder Verhaltensimpulsen Sie erkennen, dass Sie aus der Balance geraten. So ein zugewandtes Hinhören ist nicht selbstverständlich. Vielleicht ist es sogar sehr ungewohnt, denn in der Regel üben wir eher, über uns hinauszuwachsen, uns nicht »anzustellen«, Signale unseres Körpers oder unserer Psyche zu verbergen oder zu ignorieren. Es kann also sehr spannend sein, einmal in sich hineinzuhören. Denken Sie dabei nicht so viel über andere Menschen, deren Bedürfnisse oder Meinungen nach, sondern konzentrieren Sie sich auf das, was Sie ausmacht. Es ist gut und richtig so, selbst wenn es für andere Menschen vielleicht ganz anders ist. Bleiben Sie in engem Kontakt mit sich, bis Ihnen die Übung vertraut ist und automatisch mitlaufen kann.

Ehrlich prüfen

Wann immer Sie ansetzen, etwas zu tun, fragen Sie sich kurz: Wird das zu mehr oder zu weniger Balance führen?

Seien Sie ehrlich zu sich selbst. Wir wissen sehr häufig, ob uns etwas guttut oder nicht. Aber oft stehen uns unsere Gewohnheiten oder Gefühle im Weg, zum Beispiel Hoffnungslosigkeit, Überforderung oder auch Erschöpfung. Dann trinken wir noch eine Tasse Kaffee, obwohl wir wissen, dass sie uns nervös machen oder den Magen reizen wird. Oder wir lassen den Abwasch stehen, obwohl er uns morgens immer den Start in den Tag erschwert. Also: Kein Selbstbetrug! Hören Sie auf Ihre klare innere Stimme.

Tun – und Irrtümer bemerken

Wenn Sie eine Idee für Ihren nächsten Schritt in Richtung Balance haben oder sogar sicher wissen, was als Nächstes kommen sollte, halten Sie daran fest und tun Sie, was Ihr innerer Gleichgewichtssinn Ihnen sagt.

Merken Sie auf, wenn Sie sich geirrt haben oder während der Tätigkeit spüren, dass Sie Ihre Balance schwächen, statt sie zu stärken. Bessern Sie ohne schlechtes Gefühl nach. Flexibilität ist ein Wert in sich, sich selbst zu spüren eine Stärke. Ändern Sie einfach den Kurs und werden Sie auf diese Art langsam immer besser darin, Ihre Bedürfnisse zu erkennen und danach zu handeln.

Erkennen Sie nach und nach Muster und verabschieden Sie sich von Handlungen, die Ihnen nicht guttun. Tun Sie stattdessen das, was sich immer wieder als hilfreich erweist, ohne streng mit sich zu werden.

»Abendcheck« für jeden Abend

Ein regelmäßiger abendlicher Rückblick auf den Tag kann helfen, in der Spur zu bleiben. Dazu muss nicht immer alles gut funktioniert haben. Auch das Bemerken und liebevolle Akzeptieren, dass es ein schwieriger Tag war und vieles nicht geklappt hat, ist wertvoll.

Die Anforderungen sind bewusst so gewählt, dass sie nicht zu hoch greifen. Sie sollen ja schließlich auch in Krisenzeiten, die häufig von Erschöpfung und viel zu vielen Anforderungen geprägt sind, angemessen und erfüllbar sein.

Bitte seien Sie liebevoll mit sich, wenn Sie den Abendcheck durchführen. Wenn Sie nur Zähne geputzt und nicht geduscht haben, verdienen Sie trotzdem ein »Ja« bei der ersten Frage (siehe unten). Sollte Ihr Kopf die Übung dafür benutzen, Ihnen vor Augen zu führen, dass Sie gerade »überhaupt nichts zustande bekommen«, setzen Sie ihm ein liebevolles, aber deutliches Stopp.

Übung: Abendcheck

Stellen Sie sich jeden Abend folgende Fragen:

- Habe ich heute meinen Körper gepflegt?
- Habe ich heute auf Essen und Trinken geachtet?
- Hatte ich heute ein bisschen frische Luft oder habe ich mich bewegt?
- Habe ich heute irgendwann einmal einen Moment durchgeatmet oder abgeschaltet?
- Habe ich heute der Versuchung widerstanden, mein Leben mit dem anderer zu vergleichen und mich dabei schlecht zu fühlen?
- War ich heute irgendwann freundlich zu mir oder zu anderen?

Gratulieren Sie sich ehrlich und stolz zu jedem »Ja« und gehen Sie mitfühlend und ermutigend mit jedem »Nein« um. Morgen ist ein neuer Tag!

Eine hilfreiche Erweiterung der Übung kann sein, dass Sie sich ein paar wenige Punkte vornehmen, die Sie jeden Abend erledigen, damit der nächste Tag ein wenig glatter, vorbereiteter und einfacher startet. Bereiten Sie zum Beispiel Ihre Kaffeemaschine vor. Oder stellen Sie alle Schuhe an ihren Platz. Räumen Sie den Tisch oder die Spielsachen im Wohnzimmer auf. Es gibt keine Regel, was Ihnen dabei hilft, etwas unbeschwerter in den nächsten Tag zu starten. Besonders wirkungsvoll sind oft kleine Dinge, die

Ihnen einige der morgendlichen Pflichten abnehmen sowie alles, was zu einem aufgeräumten Gesamteindruck beiträgt. Manchen Menschen hilft es, den ganzen Abwasch zu erledigen oder jeden Abend die Spülmaschine einzuräumen. Anderen reicht es, das schmutzige Geschirr in die Spüle zu stapeln. Erkennen Sie die Dinge, die Sie am Morgen nerven oder überfordern und versuchen Sie diese (zum Teil) schon am Abend zu erledigen. Finden Sie Ihr Maß und probieren Sie aus, was für Sie dazugehört.

So stärken Sie Ihre Eigenständigkeit

Zur Erinnerung: Was gehört alles zu Eigenständigkeit?

- **Selbstwirksamkeit**: Ich kann in jeder Situation etwas beitragen und tue das auch.
- **Selbstbild**: Ich sehe in mir mehr als ein Opfer der Umstände oder des Lebens.
- **Eigenverantwortung**: Ich trage Verantwortung für meinen Körper und das, was ich aus meinen Gedanken, Gefühlen und Impulsen mache.
- **Selbstregulation**: Um mich zu steuern, habe ich Kontakt zu mir selbst und meinem Erleben, aber auch zu anderen und der Welt.

Das heißt, dass unser Gefühl von Eigenständigkeit gut auf alles anspricht, das uns erleben lässt, dass wir selbst etwas tun und damit etwas bewirken können.

Auch für diesen Bereich ist nicht ausschlaggebend, dass wir Höchstleistungen erbringen. Es geht vielmehr darum, uns immer wieder daran zu erinnern, dass diese Kraft in uns steckt. Denn

Lebensphasen, in denen wir uns über einen längeren Zeitraum immer wieder den Umständen ausgeliefert fühlen, in denen wir nichts gegen das tun können, was gerade passiert, lassen unser Gefühl von Eigenständigkeit verblassen. Erinnern Sie sich immer wieder daran, dass Sie diese Kraft haben und schaffen Sie sich bewusst kleine Inseln der Eigenständigkeit.

Den Modus wechseln

Ändern Sie bewusst den Modus! Wir alle verhalten uns unterschiedlich je nach Lebenssituation und Umfeld. Als Schwester verhalten wir uns anders, als wir es in unserem Beruf tun. Als Kunde sind wir anders, als wir es als Sohn sind. Und bei einem Sportwettkampf zeigen wir eine andere Seite von uns, als wenn wir mit unseren Kindern spielen. Das ist normal, gut und richtig so. Wir können uns diese Tatsache sogar zunutze machen: Nehmen Sie sich kurz etwas Zeit und überlegen Sie, in welchem Modus Sie eine gute Verbindung zu Ihrer Eigenständigkeit haben. Dabei können Sie sich über verschiedene Tätigkeiten herantasten.

Übung: Den Modus wechseln

Machen Sie sich auf die Suche nach einer Tätigkeit, bei der Sie ein Gefühl von »Das kann ich!« haben. Das muss nichts besonders Komplexes oder Herausforderndes sein. Es geht lediglich darum, dass Sie bei dieser Tätigkeit sicher in der Ausübung sind. Das heißt, Sie spüren, dass Sie aktiv etwas tun und dass Sie es im Griff haben, was auch immer es ist. Es ist gut, eher etwas Alltägliches zu wählen, denn die Übung soll ja leicht in den Alltag zu integrieren und so immer wieder möglichst unkompliziert erlebbar sein.

Für manche Menschen ist das vielleicht Kochen oder Backen, für andere die Pflege der Pflanzen auf dem Balkon, das Vorlesen für die Kinder oder das Putzen des Badezimmers. Es muss nicht einmal Ihre Lieblingstätigkeit sein, auch wenn es natürlich doppelt schön ist, wenn Sie etwas finden, das Sie zusätzlich genießen. Die wichtigen Kriterien sind folgende: Die Tätigkeit …

- ist so alltäglich, dass Sie sie unkompliziert ausüben können,
- lässt Sie selbst aktiv werden,
- ist mit einem Gefühl von »im Griff haben« verbunden,
- führt zu einem Ergebnis, das einen spürbaren Unterschied zu vorher schafft.

Auch anderen zu helfen, kann uns in einen anderen und hilfreichen Modus bringen. Machen Sie jemandem eine Freude: Schicken Sie eine Nachricht oder üben Sie sich in kleinen Handlungen, die anderen Menschen gegenüber hilfsbereit oder großzügig sind. Lassen Sie jemanden an der Kasse vor, wenn Sie merken, dass die Person unter großem Zeitdruck steht, halten Sie jemandem eine Tür auf oder grüßen Sie einfach nett. Diese kleinen Gesten kosten nichts, bringen Sie aber in einen anderen Gemütszustand. Wir können nur schwer gleichzeitig hilflos und großzügig, gleichzeitig aufgeschmissen und hilfsbereit sein.

Probieren Sie ruhig ein wenig aus, experimentieren Sie mit verschiedenen Ideen. Sie werden es spüren, wenn Sie in einen Modus wechseln, der Sie näher an Ihre Eigenständigkeit bringt. Dabei geht es – wie schon erklärt – nicht um große Erfolge oder echte

Herausforderungen. Es geht lediglich darum, immer wieder für einen kleinen Moment daran erinnert zu werden, wie es sich anfühlt, etwas zu tun, es gut zu können und damit ein Ergebnis zu erzielen.

So stärken Sie Ihre Verbundenheit

Zur Erinnerung: Was gehört alles zu Verbundenheit?

- **Empathie** und **Selbstmitgefühl**: Ich kann meine eigenen und die Gefühle anderer wahrnehmen und lesen, ohne dass diese mich hilflos machen oder ich sie verurteile.
- **Anerkennen**: Meine Vergangenheit ist ein Teil von mir, mit dem ich im Großen und Ganzen in Frieden bin und den ich mit auf meinen Weg nehme.
- **Eingebundensein**: Ich kenne das Gefühl dazuzugehören, mal im Großen, mal im Kleinen.
- **Hilfe annehmen**: Ich kenne meine eigenen Grenzen und suche mir Hilfe, wenn ich sie brauche.

Verbundenheit ist also mehr als nur die Gesellschaft anderer. Wir Menschen sind sehr unterschiedlich darin, als wie hilfreich und angenehm wir den Kontakt zu anderen Menschen erleben. Das gilt ganz besonders in Krisenzeiten. Aber auch, wenn wir den persönlichen Austausch zu unserer Situation vielleicht eher als anstrengend oder zusätzlich herausfordernd erleben, ändert das nichts daran, dass wir grundsätzlich soziale Wesen und auf Verbundenheit angewiesen sind. Dabei kann Verbundenheit auf vielen verschiedenen Ebenen spürbar werden. Machen Sie sich bewusst, wie Sie gerade in Ihr Umfeld eingebunden sind, welches Netzwerk Ihnen zur Verfügung steht, was schon stimmt – und was noch Ausbau braucht. Grundsätzlich ist eine gute Richtschnur für schwierige Zeiten die folgende:

Verbringen Sie, wann auch immer Sie die Wahl haben, die meiste Zeit mit Menschen oder Tätigkeiten, die …

- Ihnen ein Gefühl von Ruhe schenken,
- Sie auf andere Gedanken bringen,
- Ihnen ein besseres, leichteres Gefühl schenken als vorher,
- Sie zum Lachen bringen,
  Sie trösten,
  Sie Schönheit in etwas erkennen lassen oder
- Sie dankbar machen.

Sich als Teil von etwas fühlen

Unsere Wahrnehmung von Verbundenheit zu trainieren, kann fast nebenbei geschehen, ganz unabhängig davon, wo wir gerade sind oder was wir tun.

Übung: Sich als Teil von etwas fühlen

Nehmen Sie dazu einfach – in welcher Situation auch immer – wahr, was gerade um Sie herum geschieht, und entscheiden Sie, mit was oder wem Sie gedanklich eine Verbindung eingehen möchten.

- Sind es die Bäume im Park, durch den Sie gerade gehen?
- Die anderen Menschen in der gleichen Supermarktschlange oder im gleichen Bus?
- Sind es bei einer Sendung im Fernsehen die anderen Men-

schen, die gerade auch zuschauen? Die ein Interesse mit Ihnen teilen oder auch nur zur selben Zeit das Gleiche tun?

- Ist es das Wetter, das Sie mit allen anderen in Ihrer Stadt verbindet?
- Ihre Müdigkeit beim Aufstehen, die Sie sicher mit ganz vielen anderen Menschen gemein haben?
- Oder ist es einer dieser ergreifenden Momente, in denen wir Menschen manchmal plötzlich ganz versunken sind, uns ehrfürchtig oder ergriffen fühlen oder das Gefühl haben: Dieser Moment stimmt!

Das sind nur einige von vielen Ansatzpunkten, die uns Verbundenheit spüren lassen können. Wenn es gelingt, entsteht ein Netz aus Erfahrungen, das wir mit anderen zu jeder Zeit teilen. Es bindet uns ein in eine beständige Zusammengehörigkeit, die sich von Moment zu Moment wandelt. Schön bei dieser Übung ist, dass Ihnen eine Vielzahl unterschiedlichster Dinge zur Verfügung steht, mit denen Sie Verbindung aufnehmen können. Und allein Sie wählen! Nur Sie bestimmen, was Sie nutzen wollen.

Wenn Sie möchten, gehen Sie noch einen Schritt weiter. Schicken Sie sich selbst und allen, die gerade mit Ihnen verbunden sind, gedanklich einen guten Wunsch. Denken Sie zum Beispiel: »Viel Glück für heute!«

So stärken Sie Ihre Gelassenheit

Zur Erinnerung: Was gehört alles zu Gelassenheit?

- **Akzeptanz**: Ich erkenne an, was ist, kämpfe nicht dagegen an und weiß, dass Dinge sich auch wieder ändern.
- **Sich einlassen können**: Ich kann in ungewissen Situationen offen bleiben für das, was kommt.
- **Humor**: Ich kann Umstände oder Eigenarten von mir selbst und anderen mit einer gewissen Leichtigkeit annehmen, mich selbst und andere zum Lachen bringen.
- **Hoffnung**: Ich habe eine eher zuversichtliche Grundhaltung und vertraue darauf, dass die Zukunft auch etwas Positives bringen kann.

Krise an sich steht immer für einen großen äußeren und inneren Alarm und damit im Gegensatz zu Gelassenheit. Unser ganzes System ist hochangespannt und macht es somit schwierig, einen guten Zugang zu unserer Gelassenheit zu behalten.

Aber auch in schwierigen Zeiten gibt es bestimmte Dinge, die wir üben können, um immer wieder aus dem Daueralarm herauszukommen. Dieser birgt ansonsten die Gefahr, dass wir blindlings kämpfen, Möglichkeiten nicht mehr wahrnehmen, schwarzsehen und die Hoffnung verlieren.

Wartezeiten nutzen

Gelassenheit hat viel damit zu tun, dass wir akzeptieren, was gerade ist und uns darauf einlassen. In angenehmen Situationen fällt uns das in der Regel nicht schwer, daher dürfen wir Entspanntheit in schönen Situationen nicht mit Gelassenheit gleichsetzen. Diese zeigt sich in Situationen, die wir nicht so angenehm finden, in denen es uns aber gelingt hinzunehmen, was gerade möglich ist und was nicht.

Übung: Wartezeiten nutzen

Leicht unangenehme Situationen bieten sich besonders gut zum Üben an. Wir alle müssen warten: im Stau, in der Schlange an der Kasse, weil wir zu früh in den Keller gegangen sind und die Waschmaschine noch nicht fertig ist, in der Warteschleife einer Servicehotline … Kleine Wartesituationen gibt es jeden Tag und vielen Menschen gehen sie gehörig auf die Nerven. Statt sich zu ärgern, nutzen Sie diese Gelegenheiten für eine kurze Gelassenheitsübung.

1. Bemerken Sie, dass Sie sich in einer Wartesituation befinden, die Sie für die Übung nutzen können.
2. Entspannen Sie bewusst Ihre Augen. Öffnen Sie dann einmal weit Ihren Mund, um ihn anschließend wieder zu schließen. Wenn sich ein Gähnen ankündigt, geben Sie diesem ruhig nach.
3. Lassen Sie die Schultern sinken, spreizen Sie einmal kraftvoll Ihre Hände *und* Finger und entspannen Sie diese anschließend.
4. Entspannen Sie Ihren unteren Bauch und die Oberschenkel.
5. Atmen Sie tief ein und aus. Gähnen Sie ruhig erneut, wenn Ihr Körper danach verlangt.

So stärken Sie Ihre Entschlossenheit

Zur Erinnerung: Was gehört alles zu Entschlossenheit?

- **Zukunftsorientierung**: Ich habe Ziele und Visionen, die ich immer wieder prüfe, plane und umsetze.
- **Kreativität**: Ich habe ein Talent dafür, dass mir in unbekannten und herausfordernden Situationen neue Ideen und Lösungen einfallen.
- **Lösungsorientiertheit**: Ich habe die Fähigkeit, meine Aufmerksamkeit auf Möglichkeiten und Alternativen zu richten, statt bei den Problemen zu verharren.
- **Motivation** und **Durchhaltevermögen**: Ich bleibe dran und investiere in Veränderung, wenn ich einmal den Entschluss dazu gefasst habe.
- **Mut** und **Tapferkeit**: Wenn etwas wichtig ist, kann ich einiges aushalten. Ebenso habe ich aber auch die Kraft, meine Angst zu überwinden und tätig zu werden.

Es kann viele Gründe haben, »nicht in die Gänge zu kommen«: Unlust, fehlender Antrieb oder Hoffnungslosigkeit. Es kann aber auch eine direkte Reaktion auf eine krisenhafte Situation sein. Denn überwältigt zu werden von etwas, das wir uns nicht gewünscht haben, bedeutet auch immer, nichts tun zu können. Das ist ein Merkmal einer Lebenskrise. Manchmal wird dies als Lernerfahrung abgespeichert, die immer wieder flüstert: »Was du tust, bringt eh nichts.« Wenn wir diesem Gedanken nichts entgegensetzen, kann er sich einnisten und immer stärker werden.

Zu hochgesteckte Ziele, aber auch Perfektionismus und Selbstabwertung verstärken das Erleben von Überforderung noch und tragen weiter zu der Lähmung bei, aus der es sich eigentlich zu lösen gilt. Damit ist klar, dass es völlig sinnlos ist, noch mehr Überforderungen hinzuzufügen und das Gefühl von Machtlosigkeit noch zu verstärken.

Um unsere Entschlossenheit wiederzuentdecken, müssen wir in Bewegung kommen, dies aber auf eine sanfte, ermutigende, kleinschrittige Art und Weise, die spürbar macht, dass es geht! Es geht, sich zu bewegen. Es geht, etwas zu tun.

Fünf-Minuten-Erfolge

Suchen Sie sich kleine Aufgaben, die nicht länger als fünf Minuten dauern. Wenn Sie eine erste solche Aufgabe gefunden haben (fünf Minuten abwaschen, Blumen gießen, aufstehen und Zähne putzen, eine Überweisung erledigen, Spielsachen im Wohnzimmer aufheben …), erledigen Sie sie einfach, ohne weiter darüber nachzudenken.

Häufig ist es nämlich so, dass wir eine Idee haben, was wir tun sollten, dann aber in eine innere Diskussion dazu oder gar in die Verweigerung treten. Manchmal tauchen auch Gefühle von Überforderung auf und machen uns jeden ersten Schritt unmöglich. Oder wir lassen uns ablenken und in eine andere Richtung verleiten. Denken Sie also nicht weiter nach, wenn Sie eine Fünf-Minuten-Aufgabe ausgewählt haben, weder über Ihre Unlust noch über den fehlenden Antrieb oder das Gefühl von Überforderung. Geben Sie all den Gedanken keinen Raum, die sich zwischen Sie und Ihr Vorhaben stellen wollen.

Übung: Fünf-Minuten-Erfolge

Beschließen Sie, dass Sie eine bestimmte Fünf-Minuten-Aufgabe einfach erledigen. Schauen Sie im Anschluss, ob eine weitere kleine Aufgabe möglich ist. Das ist nämlich sehr oft der Fall. Wenn wir es erst einmal geschafft haben, den ersten Schritt zu tun und einen winzig kleinen Unterschied sehen, uns ein wenig aktiver fühlen, geht der nächste Schritt häufig schon viel einfacher.

Wenn es Ihnen gerade unmöglich erscheint, sich aufzuraffen, denken Sie bitte daran, nicht zu viel in den ersten Schritt zu packen. Sie machen es sich durch eine zu hohe Hürde unnötig schwer und der Erfolg kommt auch mit ganz kleinen Schritten. Nehmen Sie sich also nicht den ganzen Abwasch vor, sondern fünf Minuten Abwasch. Danach können Sie weitere kleine Schritt anhängen. Das Ergebnis Ihrer Aufgabe – in unserem Beispiel sind das die ersten gespülten Tassen – ist ein schöner Nebeneffekt, aber nicht der Hauptzweck dieser Übung. Dieser liegt darin, das Erleben von »Ich kann was tun« wieder in Ihr Bewusstsein einzuspielen, damit es nicht weiter verkümmert.

Beziehen Sie bewusst Ihre Sinne mit in die Übung ein. Duschen zum Beispiel kann sehr wirkungsvoll sein, da die körperlichen Reize unser Erleben effektiv verändern. Ebenso kann das Hören von Musik oder das Radioprogramm, das Sie zur Begleitung Ihrer ersten Aufgabe einschalten, den nötigen Schwung und damit Hilfe beim Loslegen bieten.

Erledigen Sie mindestens eine, höchstens sechs Mini-Aufgaben und schauen Sie, ob Sie einen Unterschied in Ihrem Denken und Fühlen feststellen. Vergessen Sie nicht, sich ausgiebig und ehrlich für jeden Schritt zu loben, den Sie schaffen.

Bitte erkennen Sie unbedingt, wenn Ihr Körper Ihnen signalisiert, dass er am Ende seiner Kräfte angekommen ist. In diesem Fall ist nicht Disziplin angesagt, sondern Pause – sonst laufen Sie Gefahr, Grenzen zu überschreiten und sich selbst zu schaden! Ruhen Sie aus und ermöglichen Sie Ihrem Körper, seinen Akku wieder aufzuladen.

Stärkung für Familien – finden Sie zusammen ins Gleichgewicht

Krisen von Eltern haben immer auch Einfluss auf ihre Kinder. Denn deren Leben ist plötzlich mit auf den Kopf gestellt und nicht mehr so, wie es vorher war. Doch Eltern können viel dafür tun, dass sich ihre Kinder auch in Krisenzeiten sicher, geliebt und verstanden fühlen. Eine stabile Verbindung zwischen den Großen und den Kleinen ist die beste Basis, um auch schwierige Zeiten gemeinsam und gut zu überstehen.

Dabei werden Sie sicher hin und wieder an Ihre Grenzen geraten und ratlos überlegen, was gerade richtig ist. Wie gut, dass es gar nicht notwendig ist, perfekt zu sein, immer das Richtige zu tun oder die Lösung zu kennen: Kinder brauchen keine perfekten Eltern. Sie brauchen Eltern, die vormachen, wie sie in schwierigen Zeiten auf den Füßen bleiben und Schritt für Schritt vorangehen. Eltern, die wissen, was zu tun ist, wenn alles plötzlich anders ist – und die dabei Zusammenhalt und ein Mindestmaß an Hoffnung vermitteln. Diese Fähigkeiten werden sich Ihre Kinder abschauen und davon in viel größerem Maße profitieren als von einer perfekten Fassade.

Auf dieser echten, zugleich liebevollen und schützenden Basis kann sich eine Bindung entwickeln, die Ihrem Kind sogar in Krisenzeiten ermöglicht, körperlich, psychisch und seelisch gesund zu bleiben und weiterzuwachsen.

Stand und Beweglichkeit für die Familie

Stand und Beweglichkeit sind die Grundlage dafür, dass wir gut zurechtkommen, sozusagen unser Basislager. Von dort aus können wir Schritt um Schritt planen, uns gut versorgen und flexibel auf das reagieren, was von uns gefordert wird.

Zur Erinnerung: Was gehört alles zu dieser Basis?

- **Körperliche Versorgung**: Ich kümmere mich um meinen Körper und versorge ihn, so gut es geht.
- **Sicherheit im Außen**: Ich habe Orte oder Rückzugsmöglichkeiten, an denen ich mich sicher fühle und abschalten kann.
- **Sicherheit im Innen**: Ich kenne Menschen, mit denen mich gegenseitige Zuneigung und Vertrauen verbinden, völlig unabhängig von Zeit, Raum und Umständen.
- **Wertschätzung**: Ich mache Erfahrungen, die mir helfen, an mich zu glauben.

Tipp 1: Rumpelstilzchen oder: Welche Geschichte wollen Sie erzählen?

Zum Erleben von Sicherheit gehört für Menschen, dass sie sich orientieren können. Das steht im Gegensatz zur landläufigen Überzeugung, dass Kinder am besten nicht mit Schwierigkeiten belastet werden sollten. Sogar im Sprichwort »Was ich nicht weiß, macht mich nicht heiß« spiegelt sich dieser Irrtum wider, der im

Umgang mit Kindern zu einer echten Beziehungsgefahr werden kann.

Sicher muss das, was Kinder über eine belastende Lebenssituation erfahren, altersentsprechend vermittelt werden und natürlich gibt es Dinge, die nicht ungefiltert in Kinderohren gehören. Grundsätzlich aber bringen Einbezug und Verstehendürfen einen *Schulterschluss* zwischen Großen und Kleinen, der in Krisenzeiten wichtiger denn je ist.

Vielleicht erinnern Sie sich an das Märchen vom Rumpelstilzchen, dessen Macht in dem Moment gebrochen war, in dem sein Name ausgesprochen wurde. Was für ein wunderschönes Bild dafür, dass wir Dingen, Vorgängen und Geschehnissen allein dadurch einen Teil ihres Schreckens nehmen können, dass wir Worte für sie finden.

Wenn wir sorgfältig und vorausschauend Worte finden für die schwierige Situation, in der wir gerade stecken, kann eine gemeinsame, eine erzählbare Geschichte entstehen. Dabei ist die Wahl der richtigen Worte von großer Wichtigkeit – für uns und für unsere Kinder.

Welche Überschrift wollen Sie dieser Zeit geben? Die ersten Gedanken, die in den Kopf kommen, können vielleicht sein: »Die schlimmste Zeit meines Lebens«, »Alles vorbei, wofür ich gekämpft habe« oder »Ich weiß auch nicht mehr weiter«. Diese Überschriften zeigen deutlich die Verzweiflung, die Erschöpfung und den Schmerz, die häufig mit Lebenskrisen einhergehen. Sind sie aber auch geeignet, die Überschrift für diesen Abschnitt eines Kinderlebens zu sein?

Es geht nicht darum zu lügen, etwas über die Maßen zu beschönigen oder unecht im Umgang mit den eigenen Kindern zu sein. Sehr wohl aber geht es darum, sich der Vorbildfunktion bewusst zu sein, die wir immer – in schwierigen Zeiten umso mehr – für Kinder haben. Von uns hören sie, wie verzweifelt und hoffnungslos die Situation ist, was diese für das gemeinsame Leben bedeutet und auch, was sie über die Beteiligten aussagt. An uns lesen sie ab, ob »das jetzt für immer so ist« oder ob es Hoffnung gibt und eine Chance auf eine »Zeit danach«.

Echte Worte, die Orientierung bieten, den Zusammenhalt betonen, beruhigen und ein wenig Hoffnung schenken, können zum Beispiel sein:

»Im Moment ist es eine schwierige Zeit. Das merken wir alle und wir alle würden uns das gerade ganz anders wünschen. Und es ist gut und gesund, dass wir das fühlen, so dass wir füreinander da sein und überlegen können, was jetzt hilft, bis es wieder leichter wird.«

Diese Worte machen keinen Hehl daraus, dass es gerade sehr schwer ist. Sie drücken aber auch aus, dass schmerzhafte Gefühle dazugehören und keine Angst machen müssen. Zeitgleich wird die Botschaft vermittelt, dass alle zusammenstehen, dass es Dinge gibt, die helfen und irgendwann wieder eine andere Zeit kommen wird.

Die Verzweiflung, die Hoffnungslosigkeit, der übergroße Schmerz von Eltern brauchen auch einen Platz. Als Überschrift für eine ganze Lebensphase eignen sie sich aber nicht. Suchen Sie sich als Ihre eigene Stütze Menschen, denen Sie vertrauen. Menschen, die Sie genau so sehen dürfen, wie Sie gerade sind. Bei denen Sie alles einmal rauslassen und abladen, sich ohne Rücksicht anlehnen können.

Und auch wenn Ihre Kinder schon ungefiltert mitbekommen haben, wie es in Ihnen aussieht, grämen Sie sich nicht. Wir Menschen tendieren dazu, das zu glauben, was wir am häufigsten hören. Achten Sie deshalb zukünftig auf die Dosierung von hoffnungsvollen und niedergeschlagenen Aussagen und Sie sind auf einem guten Weg.

Tipp 2: Überblick ermöglichen

Soeben haben wir uns angeschaut, wie wichtig es für Kinder ist, Hoffnung haben zu dürfen. Hoffnung darauf, dass es irgendwann wieder anders oder leichter wird. Die Situation, in der Sie sich gerade befinden, ist eine Ausnahmesituation. Neue Situationen brauchen neue Absprachen und Regeln, dann können sie gut bewältigt werden. Zudem wird die neue Situation mit der Zeit vertrauter werden, auch das hilft dabei, dass es einfacher wird.

Geben Sie Ihrer Familie einen Rahmen, der einen guten Überblick ermöglicht. Das erleichtert die Orientierung, schafft ein Gefühl von Sicherheit und bietet allen in der Familie die Möglichkeit, sich einzubringen. Wie kann das gelingen? Schaffen Sie eine Tagesstruktur, die nicht zu detailliert ist, aber klare Eckpunkte für den Tag schafft. Dazu können das Aufstehen, gemeinsame Mahlzeiten, Zeit für Hausaufgaben oder Erledigungen und das Zubettgehen gehören. Vergessen Sie nicht, Freizeit für sich und Ihr Kind einzuplanen, die für Ausruhen, Ablenkung oder Unternehmungen genutzt werden kann. Auch »Für-sich-Zeit« ist wichtig, besonders für die Größeren in der Familie.

So entsteht ein Rahmen, auf den sich alle einstellen und verlassen können. Bitte beachten Sie dabei, dass der Plan Orientierung ermöglichen und nicht zusätzlichen Druck erzeugen soll. Geben Sie sich also genau so viel Struktur wie nötig und wie es für Sie als Familie angenehm ist. Behalten Sie gleichzeitig im Hinterkopf, dass in angespannten Zeiten Gefühle schwerer zu steuern sind und mehr Dinge als sonst schiefgehen. Begegnen Sie daher Ausrutschern oder Ausrastern, die sich an Regeln und Abläufen entzünden, mit Klarheit, aber ohne unnötige Härte.

Tipp 3: Passabel? 1A-Spitzenklasse!

Diesen klaren und gleichzeitig verständnisvollen Blick sollten Sie auch auf sich selbst richten. Wir alle haben bestimmte Ansprüche, die wir gern erfüllen wollen. Für uns selbst und auch, weil wir den Blick der anderen auf uns spüren. In Krisenzeiten merken wir dann unter Umständen, dass wir dem eigenen Maßstab und dem, was wir von uns verlangen, eine Zeit lang nicht mehr gerecht werden.

Das kann zu Verunsicherung, dem Gefühl von Kontrollverlust oder Selbstbeschuldigungen führen, außerdem zu der stechenden Frage, was wohl die anderen jetzt von uns denken. Diese Sorge, ob wir in den Augen der anderen an Respekt verlieren, wenn wir nicht mehr alles wie gewohnt hinbekommen, entsteht oft aus alltäglichen und banalen Dingen. Der mitzubringende Kuchen für das Kindergartenfest ist nicht selbst gebacken. Eine andere Mutter klingelt und steht im staubigen Flur, der voller einzelner Schuhe liegt. Unsere Eltern fragen, ob wir die Wohnung schon geschmückt haben – und wir hatten nicht mal auf dem Schirm, dass der erste Advent vor der Tür steht.

Dies sind eigentlich alles keine welterschütternden Verfehlungen, alles halb so wild, könnten wir sagen. Trotzdem knabbern solche Erfahrungen an unserem Selbstwertgefühl, wir laufen Gefahr, uns vor uns selbst und anderen zu schämen. Und das geschieht unfairerweise mit Vorliebe in Zeiten, in denen wir wirklich andere Sorgen haben.

Zwei Dinge sollten Sie sich merken:

1. »Passabel« ist in Krisenzeiten 1A-Spitzenklasse. Und genau so sollten Sie sich selbst und das, was Sie gerade schaffen, betrachten. Solange Sie einen Tag nach dem anderen vorangehen, alle angezogen sind und an den meisten Tagen mit geputzten Zähnen durch den Tag kommen, körperlich – und möglichst auch emotional – satt werden und abends wohlbehalten in ihren Betten landen, während Sie gleichzeitig aushalten, was gerade alles schwer ist, schlagen Sie sich richtig gut!
2. Merken Sie sich den Begriff »Spotlight Effekt«. Er bezeichnet das Phänomen, dass wir Menschen uns einbilden, dass andere sehr viel und ernsthaft über uns nachdenken. Die Wahrheit ist: Nur sehr, sehr wenige Menschen denken wirklich intensiv und gehaltvoll über uns nach. In der Regel sind die meisten Menschen hauptsächlich mit sich selbst beschäftigt.

Nehmen Sie beide Punkte zusammen und sagen Sie zu sich selbst, wenn Sie sich in einer Situation schämen und das Gefühl haben, nicht gut genug zu sein:

»Du machst das 1A-Spitzenklasse und jetzt raus aus den Köpfen der anderen!«

Tipp 4: ***Gefühle-Profi werden***

Ein weiterer Aspekt von Überblick ist ebenfalls relevant, um durch schwierige Zeiten zu kommen. Er richtet den Blick allerdings nicht nach außen, sondern nach innen: Zu erkennen, dass und was gerade zu viel wird, um sich im zweiten Schritt regulieren und wieder ausbalancieren zu können, ist eine Fähigkeit, die gelernt und geübt werden kann.

Dazu ist es wichtig, verschiedene Zustände und verschiedene Möglichkeiten der Regulierung unterscheiden zu können. Erklären Sie Ihrem Kind, dass sowohl der *Kopf* als auch das *Herz* und der *Körper* mit uns sprechen, wenn etwas nicht passt. Dazu schicken alle drei unterschiedliche Signale, um zu zeigen, dass sie etwas brauchen, um sich wieder wohler zu fühlen.

Folgende Unterteilung hat sich schon für viele Familien bewährt:

- Wenn sich Kopf, Herz und Körper wohlfühlen und gerade alles OKAY ist, fühlen wir uns ruhig, entspannt, vielleicht auch neugierig oder glücklich.
- Kopf, Herz und Körper können sich auch TRAURIG fühlen. Dann sind wir vielleicht niedergeschlagen, alles fühlt sich trüb an und nichts macht Spaß.
- Manchmal fühlen sich Kopf, Herz und Körper SCHLAPP. Dann fühlen wir uns müde und schwer, können uns zu nichts aufraffen, haben keine Energie für irgendwelche Aktivitäten und unser Kopf ist kraftlos und kann nicht bei einer Sache bleiben.
- Wenn Kopf, Herz und Körper AUFGEDREHT sind, fühlen wir uns unruhig und können kaum stillsitzen. Vielleicht rasen auch die Gedanken im Kopf oder alles ist uns zu viel.
- Als Letztes können wir auch bemerken, dass unser Kopf, Herz und Körper WÜTEND sind und wir das Gefühl haben, gleich zu platzen. Alles regt uns sofort auf, vielleicht haben wir das Gefühl, gleich schreien oder weinen zu müssen.

Diese einfache Unterteilung können viele Kinder sehr gut nachvollziehen, und mit der Zeit lernen sie sicher zu benennen, was gerade bei ihnen los ist. Und auch für uns Große ist es von Wert, nicht alle diese Zustände in einen Topf zu werfen, sondern gut zu differenzieren. Manchmal passiert es uns nämlich, dass wir versuchen, ein Unglück beim Kind (oder uns selbst) zu lindern und versehentlich das Gegenteil bewirken. Wenn wir nämlich etwas versuchen, das eher beruhigend wirkt, der Grundzustand aber bereits schlapp oder traurig ist, können wir unbeabsichtigt zu einer Verfestigung beitragen. Wenn wir hingegen in eine Diskussion einsteigen, obwohl das Kind gerade schon aufgedreht oder wütend ist, werden wir auch damit in eine ungute Spirale geraten.

Als Faustregel können Sie Folgendes versuchen:

TRAURIG braucht TROST:
Wärme, Kontakt, etwas Vertrautes, das Gefühl, versorgt zu werden. Manchmal auch in einem zweiten Schritt vorsichtige Aufheiterung.

SCHLAPP braucht SCHWUNG:
Ermutigung, in kleinen Schritten etwas zu tun. Bewegung, einen anderen Ort, irgendetwas, das mitreißt – und eine Person, die ermutigt und wenn möglich mitmacht.

AUFGEDREHT braucht ABLENKUNG:
Hilfe dabei, den Kopf und den Körper zu zentrieren, vielleicht auch die Möglichkeit, etwas von der angestauten Energie loszuwerden. Häufig hilft eine Kombination aus körperlicher Bewegung, um die Anspannung zu senken, und einer darauf folgenden Tätigkeit, die sanft die Aufmerksamkeit bindet.

WÜTEND braucht WEITE:
… und keinesfalls noch mehr Öl ins Feuer, sondern das Recht und genug Zeit, wütend zu sein. Eine Person, die im Kontakt bleibt, die

Wut aushält und keinen zusätzlichen Druck ausübt. Klarheit bei den Großen, dass hinter Wut oft Überforderung steht, ohne das als Argument zu benutzen.

Alle Zustände können außerdem Anzeichen dafür sein, dass dringend die Möglichkeit geschaffen werden muss, auszuruhen. Müdigkeit bringt bei uns allen große Gefühle an die Oberfläche und macht es gleichzeitig schwieriger, diese im Griff zu halten. Bitte denken Sie also auch immer an die Möglichkeit, dass gerade alles einfach zu anstrengend ist und Ruhepausen eingeplant werden müssen.

Es gibt noch einen grundlegenden Tipp, den Sie ausprobieren können, denn auch er hilft gut bei der Regulierung von Gefühlen. Für ältere Kinder und Jugendliche kann ein Schaukelstuhl hilfreich sein, bei kleinen Kindern ist es das Schaukeln an sich. Vielleicht haben Sie zufällig einen Schaukelstuhl, einen Hängesessel oder Ähnliches, die Sie ins Spiel bringen können. Oder Sie machen Ihren nächsten Spaziergang zu einem Spielplatz mit Schaukel. Das äußere Ausbalancieren hilft tatsächlich auch beim inneren Ausbalancieren. Probieren Sie es doch selbst einmal aus!

Tipp 5: **Wir sind wichtiger als die Krise – Verbindung vor Verbesserung**

Krisenzeiten sind anstrengende Zeiten für alle, die betroffen und beteiligt sind. Die Kräfte sind geringer, die Nerven angespannter – und die Themen der Krise drängen sich in den Vordergrund. Sich bewusst zu machen, dass diese Dynamik in jeder Krise schlummern kann, hilft uns, einige Vorkehrungen zu treffen, damit wir nicht in eine familiäre Schräglage geraten. Das kann zum Ersten sein, ganz bewusst die Schwelle zu verändern, ab der wir bereit sind, uns aufzuregen oder ein Thema so ernst zu nehmen, dass es eine konflikthafte Klärung verdient. Es kann uns und unsere Kinder entlasten, wenn wir uns vornehmen, dass nicht alle Themen eine echte Auseinandersetzung wert sind. Einfach, weil in dieser Situation nicht alles glattlaufen kann und außerdem weniger Kräfte als sonst zur Verfügung stehen. Keine Sorge: Es geht nicht darum, alle Konsequenz fahren zu lassen und ein regelloses Familienleben einzuführen. Damit wäre auch niemandem geholfen. Vielmehr geht es darum, die veränderten Bedingungen als solche anzuerkennen und zu sagen: »Wir sind alle gerade angestrengt. Anstrengung macht, dass Dinge mehr Mühe kosten und manchmal auch einfach nicht klappen.« Nun kommt der wichtige zweite Teil der Botschaft: »Mit uns ist alles in Ordnung. Das gehört in schwierigen Zeiten einfach dazu, wir kriegen das hin.«

Das Wunderbare an dieser Haltung und Botschaft ist, dass sie beide Seiten entlastet. Kinder fühlen sich gesehen und geliebt, auch wenn sie in Streit mit uns geraten oder manches gerade nicht rundläuft, und wir Erwachsenen vergessen nicht, was wirklich wichtig ist.

Verstärken lässt sich diese Botschaft durch kleine Gesten, die deutlich machen, dass die Verbindung zum Kind wichtiger ist als ein Konflikt und die Liebe zwischen Ihnen größer als jeder Ärger. Sagen Sie Ihrem Kind gerade in schwierigen Zeiten immer wieder, was Sie an ihm toll finden und wie lieb Sie es haben. Knüpfen Sie diese Aussage ganz bewusst nicht an Aussagen wie: »Du bist mir eine so große Hilfe.« Denn die Botschaft, die ankommen soll, ist: »Einfach, weil du du bist und ganz ohne Wenn und Aber finde ich dich toll und bin glücklich, dass ich dich habe.«

In Zeiten großer Anspannung und Verunsicherung ist das Balsam für jede Kinderseele. Und auch, wenn das allein keine Konflikte verhindert – es verändert doch den Boden, auf dem diese Konflikte ausgetragen werden.

Pflegen Sie diesen Boden auch, indem Sie bewusst darauf achten, dass die Verbindung zwischen Ihnen und Ihrem Kind über allem anderen steht. Schauen Sie Ihr Kind zum Beispiel an, wenn es Ihnen etwas Wichtiges erzählt, schenken Sie ihm ungeteilte Aufmerksamkeit. Selbst wenn es immer mal wieder nur fünf Minuten sind. Das kann morgens bei ein paar Momenten des Rückenkraulens vor dem Aufstehen sein oder beim Abendessen, wenn Sie ohnehin zusammensitzen. Vielleicht probieren Sie auch einen der Tipps aus diesem Buch aus? Geeignet ist zum Beispiel die Familien-Übung für Verbundenheit weiter unten.

Übung: Der Familienkalender

Legen Sie einen Familienkalender an. Vielleicht wählen Sie einen Wochenkalender, der abgewischt und wiederverwendet werden kann. Er gibt Ihnen die Möglichkeit, am Wochenende gemeinsam den Rahmen für die nächste Woche zu stecken, sodass sich alle gut zurechtfinden und sicher orientieren können. Finden Sie heraus, wie viel Planung Ihnen als Familie gerade guttut, und haben Sie dabei im Hinterkopf, dass selbst Menschen, die normalerweise nicht viel vorgegebene Struktur brauchen, in Krisenzeiten manchmal ein wenig anders ticken. Das gilt auch und vielleicht besonders für Kinder, deren Kapazität, Veränderungen, Anspannung und Unsicherheit zu kompensieren, noch nicht so ausgebildet ist wie bei den Erwachsenen.

Schon das gemeinsame Planen hat einen ordnenden und verbindenden Charakter, gibt Sicherheit und zugleich Freiheit. Denn neben den festen Terminen werden hier auch die freien Zeiten eingetragen, die für jede Person eingeplant sind: zum Spielen, zum Ausruhen, zum Treffen mit anderen …

Außerdem hat sich ein »Nicht vergessen!«-Feld bewährt. Hier kann beispielweise aufgeschrieben werden »Augenarzt anrufen« oder »Zettel für Schule ausfüllen«. Sie können auch ein Feld für Ideen oder Wünsche aufnehmen. Dort kann dann zum Beispiel stehen: »Ich möchte gern UNO spielen« oder »Ich wünsche mir Nudeln mit Soße«. Diese beiden Felder können von allen während der Woche befüllt und bei der Planung der nächsten Woche angeschaut und berücksichtigt werden.

Experimentieren Sie ruhig ein wenig, und probieren Sie aus, wie viel Sie eintragen möchten. Egal, wofür Sie sich entscheiden, machen Sie sich bitte klar, dass dieser Kalender keine erzieherische Disziplinierungsmaßnahme ist, sondern dem Überblick dient. Er soll zeigen: Das steht an, da ist frei und den Rest gestalten wir zusammen.

Am Wochenende bietet diese Art von Kalender eine gute Gelegenheit, sich zusammenzusetzen, zu schauen, was geklappt hat und auch, welche Ideen, Wünsche und »Nicht-vergessen-Themen« aufgetaucht sind. Das gemeinsame Rückschauhalten mit anschließendem Planen der nächsten Woche schenkt die Möglichkeit, Erfolge wertzuschätzen und das schöne Gefühl einer gemeinsamen frischen Chance: Auf ein Neues!

Eigenständigkeit in der Familie stärken

Lebenskrisen sind davon geprägt, dass sie Dinge mit sich bringen, die sich niemand gewünscht hat und andere Dinge wiederum unmöglich machen. So entsteht in doppelter Hinsicht eine Schräglage: Vieles, was ist, möchten wir eigentlich nicht, und anderes, was nicht ist, fehlt uns. Umso wichtiger ist es, die Verbindung zu unseren Wünschen und Sehnsüchten zu halten und die eigene Kraft zu spüren.

Zur Erinnerung: Was gehört alles zu Eigenständigkeit?

- **Selbstwirksamkeit**: Ich kann in jeder Situation etwas beitragen und tue das auch.
- **Selbstbild**: Ich sehe in mir mehr als ein Opfer der Umstände oder des Lebens.
- **Eigenverantwortung**: Ich trage Verantwortung für meinen Körper und das, was ich aus meinen Gedanken, Gefühlen und Impulsen mache.

Selbstregulation: Um mich zu steuern, habe ich Kontakt zu mir selbst und meinem Erleben, aber auch zu anderen und der Welt. Nutzen Sie Ihre gemeinsame Fantasie und Vorstellungskraft, um eine Geschichte zu erzählen, in der Sie sich zusammen mit Ihrem Kind erlauben, alles zu erträumen, was gerade fehlt. Auch alle Dinge, die helfen könnten, sich stärker, besser, glücklicher, unbeschwerter zu fühlen, dürfen ihren Platz in dieser Geschichte finden.

Übung: Der perfekte Ort

Erzählen Sie die Geschichte vom perfekten Ort, der alle Wünsche erfüllt und an dem alles so ist, wie Ihr Kind und auch Sie es sich momentan erträumen. Dort stimmt einfach alles, und Sie können gemeinsam überlegen, was genau dazugehört:

- Ist der Ort drinnen oder draußen?
- Wie sieht es dort aus?
- Gibt es dort Tiere oder magische Wesen?
- Was kann dort alles getan, gespielt, erlebt, gegessen und getrunken werden?
- Wer beschützt diesen Ort, damit er sicher ist und alle seine Möglichkeiten zur Verfügung stehen?
- Was können Sie und Ihr Kind an diesem Ort, das in der echten Welt vielleicht unmöglich ist? Für manche Kinder ist das vielleicht Mathe, für andere fliegen oder zaubern zu können.

Dies sind nur einige wenige Anregungen, um in Ihre zauberhafte Welt zu starten. Setzen Sie Ihrer Fantasie keine Grenzen. Die Geschichte kann für eine Weile ganz im Mittelpunkt stehen oder »nebenher« immer weitergesponnen werden, zum Beispiel beim Autofahren oder während die Küche aufgeräumt wird. Je lebendiger die Vorstellung wird, umso besser wirkt sie und ermöglich damit ganz spielerisch ein Gefühl von »was ich mir wünsche, hat eine Bedeutung«. Fragen Sie Ihr Kind doch einfach mal: »Wenn du dir einen perfekten, verzauberten Ort vorstellst: wie sieht es dort aus?«, und schauen Sie, was passiert.

Verbundenheit in der Familie stärken

Auch in stressvollen Zeiten ist es möglich, das Thema Verbundenheit zu pflegen und als Ressource zu nutzen. Dazu sind zwei Dinge notwendig: Wir dürfen es nicht dem Zufall überlassen und wir müssen die Vielfalt des Themas im Blick behalten.

Zur Erinnerung: Was gehört alles zu Verbundenheit?

- **Empathie** und **Selbstmitgefühl**: Ich kann meine eigenen und die Gefühle anderer wahrnehmen und lesen, ohne dass diese mich hilflos machen oder ich sie verurteile.
- **Anerkennen**: Meine Vergangenheit ist ein Teil von mir, mit dem ich im Großen und Ganzen in Frieden bin und den ich mit auf meinen Weg nehme.
- **Eingebundensein**: Ich kenne das Gefühl dazuzugehören, mal im Großen, mal im Kleinen.
- **Hilfe annehmen**: Ich kenne meine eigenen Grenzen und suche mir Hilfe, wenn ich sie brauche.

Verbundenheit zu stärken kann ganz Unterschiedliches heißen. Es kann heißen, die Verbindung zwischen den einzelnen Familienmitgliedern, sozusagen im nahen Umfeld, zu stärken. Ebenso kann die Verbindung zu einem erweiterten Umfeld von Menschen gemeint sein – oder die Verbindung zu sich selbst. Behalten Sie diese verschiedenen Facetten im Auge und planen Sie sie mit ein.

Verbundenheit im nahen Umfeld

Achten Sie darauf, dass Sie immer wieder Berührungspunkte miteinander haben, die es ermöglichen, nicht zu verlernen, aufeinander einzugehen und miteinander zu schwingen. Dann können auch kurze Momente der Verbindung spürbar machen, dass wir nicht allein sind. Kleine »rote Fäden«, die jeden Tag ein kleines Zeichen der Verbundenheit miteinander setzen, sind dafür wie geschaffen: ein Morgenritual wie zwei Minuten Rückenstreicheln beim Aufwachen zum Beispiel, der eine Sticker im Messenger, der für »Denke an Dich« steht und exklusiv nur an diese eine Person verschickt wird oder das immer gleiche Gute-Nacht-Sagen … All diese kleinen Zeichen sind geeignet. Sie kosten kaum Zeit und können einen zauberhaften Effekt haben, da sie wie kleine Klammern den Tag zusammenhalten und daran erinnern, dass das, was wirklich zählt – nämlich die Verbindung zueinander –, steht.

Verbundenheit mit einem erweiterten Umfeld

Überlegen Sie, wer gerade gut in Ihr Team für diese Zeit passt und Sie unterstützen kann. Versuchen Sie nicht, alles allein zu schaffen. Viele Menschen glauben, dass es ein Zeichen von Kompetenz sei, keine Unterstützung zu brauchen. Ich denke, dass das Gegenteil der Fall ist. Wir alle kommen früher oder später in Situationen, unwichtige oder gravierende, in denen es allein nicht geht. Wirklich stark sind die Menschen, die das wissen. Die helfen, wenn andere Hilfe brauchen, und auch selbst Hilfe annehmen können. Nebenbei gesagt sind diese Menschen auch die wertvollsten Vorbilder für Kinder, die gerade lernen, wie das Leben funktioniert.

Holen Sie sich also Ihr Team zusammen und achten Sie dabei darauf, dass die Mitglieder auch wirklich eine Unterstützung für Sie sind. Wenn Ihnen Schuldgefühle gemacht werden, weil Sie Unterstützung brauchen oder Sie das Gefühl haben, dass die Hilfe eigentlich gar keine ist oder einen Haken hat, disponieren Sie um. Wenn Sie merken, dass Sie sich über das Verhalten anderer Personen ärgern oder sich enttäuscht und verletzt fühlen, geben Sie sich die Erlaubnis, selbst zu entscheiden, wie viel Kraft Sie in eine Klärung stecken – und wo Sie Ihre Kraft bewusst *nicht* investieren wollen.

Verbindung mit sich selbst

Sich selbst nicht nur im Blick zu haben, sondern auch ernst zu nehmen und liebevoll zu versorgen, fällt uns allen mal leichter und mal schwerer. Leider sind gerade die Zeiten, in denen wir besonders viel Selbstfürsorge benötigen, auch genau die, in denen vieles unseren Blick nach außen und weg von uns selbst lenkt.

Richten Sie deshalb bewusst Zeit ein, in der Sie auftanken können. Damit muss nicht unbedingt das gemeint sein, was vielen Menschen beim Begriff Selbstfürsorge vielleicht als Erstes einfällt: ein Schaumbad, Zeit allein zum Abschalten oder ein langer Spaziergang ohne die Kinder. In diesem Buch wird bewusst nicht der Begriff Allein-Zeit gewählt, denn auch Zeit mit anderen kann ermöglichen, dass wir auftanken und uns guttun. Stattdessen soll der Begriff »Für-sich-Zeit« alle Zeit bezeichnen, die eine gute Verbindung mit sich selbst ermöglicht, egal ob allein oder mit anderen. Nehmen wir zum Beispiel an, dass Sie beim Vorlesen mit Ihren Kindern völlig abschalten, lachen, eintauchen und sich endlich einmal wieder »wie Sie selbst« fühlen. Warum sollte diese Zeit nicht »Für-sich-Zeit« sein? Oder Sie sind leidenschaftlich engagiert beim Ausprobieren neuer Rezepte. Natürlich zählt das Kochen für Ihre Familie dann auch als »Für-sich-Zeit«.

Überlegen Sie einmal, was Sie in einen guten und nährenden Kontakt mit sich selbst bringt, was Ihre »Für-sich-Zeiten« sind.

Übung: Flop und Top

Erzählen Sie sich abends gegenseitig den »blödesten Moment des Tages« und dann den »besten Moment des Tages«. Tauchen Sie nicht tief in die blöden Momente ein, sondern stellen Sie ihnen die besten Momente gegenüber. Sollten bei den blöden Momenten Dinge auftauchen, die geklärt oder besprochen werden müssen, merken Sie sich diese bitte, um sie wieder aufgreifen zu können.

Die Übung ist nicht der richtige Augenblick, um zu diskutieren oder in Streit zu geraten. Das würde die Übung sogar aushebeln, da es ja explizit darum geht, in eine gute und vertrauensvolle Verbindung zu gehen.

Vereinbaren Sie mit allen, die mitmachen, dass es keine falschen Antworten gibt und sich niemand abfällig über die Auswahl der Momente äußert.

Sollte es keinen blöden Moment gegeben haben, darf dieser natürlich weggelassen werden. Sollte kein bester Moment einfallen, bleiben Sie hingegen bitte dran! Suchen Sie gemeinsam mit Ihrem Kind, machen Sie Vorschläge, gehen Sie mit gutem Beispiel voran und zeigen Sie an sich selbst, was alles als guter Moment zählen kann. Er darf auch winzig sein: freudig, lustig, ein wenig entspannt, lecker – oder einfach weniger blöd als alle anderen Momente des Tages. Sollte absolut nichts zu finden sein oder Ihr Kind darauf beharren, dass es keinen einzigen, auch nur einigermaßen passablen Moment gab, verstehen Sie die Botschaft dahinter. Vielleicht ist es ihm gerade wichtig zu zeigen, wie schwer es ist. Seien Sie liebevoll und nehmen Sie sich gemeinsam mit Ihrem Kind vor, selbst dafür zu sorgen, dass es am nächsten Tag einen guten Moment geben wird.

Gelassenheit in der Familie stärken

Gelassenheit hat viel damit zu tun, dass wir wahrnehmen, was ist und entscheiden, was losgelassen werden kann. Das heißt keinesfalls, Dinge einfach zu verdrängen oder aus dem Bewusstsein zu schieben. Es ist vielmehr die Fähigkeit, alle Facetten einer Situation wahrzunehmen – die angenehmen und die unangenehmen – und sich mit ihnen zu arrangieren. Das kann durchaus heißen, dass wir uns ihnen zuwenden, weil sie noch keinen guten Platz haben oder noch geklärt, verändert oder betrauert werden müssen. Es kann aber ebenso heißen, dass wir nicht festhalten, was nicht verändert werden kann, akzeptiert werden muss und uns lediglich beschwert und behindert, wenn wir es festhalten. So schenkt Gelassenheit Freiheit und ist das Gegenteil von Ignoranz, die angestrengt weghalten muss, was nicht ins gewünschte Bild passt.

Auch Ärger oder Groll können mit einiger Übung losgelassen werden. Das kann dazu beitragen, dass die Last, die ohnehin schon getragen wird, nicht noch schwerer wird.

Diese wertvolle Fähigkeit können Familien gemeinsam üben und so auch Kindern ermöglichen, bewusst zu entscheiden, was losgelassen und was festgehalten werden soll.

Zur Erinnerung: Was gehört alles zu Gelassenheit?

- **Akzeptanz**: Ich erkenne an, was ist, kämpfe nicht dagegen an und weiß, dass Dinge sich auch wieder ändern.
- **Sich einlassen können**: Ich kann in ungewissen Situationen offen bleiben für das, was kommt.
- **Humor**: Ich kann Umstände oder Eigenarten von mir selbst und anderen mit einer gewissen Leichtigkeit annehmen, mich selbst und andere zum Lachen bringen.
- **Hoffnung**: Ich habe eine eher zuversichtliche Grundhaltung

und vertraue darauf, dass die Zukunft auch etwas Positives bringen kann.

Übung: Loslassen

Diese Übung hilft immer aufs Neue, Gelassenheit zu üben und frisch und gut aufgeräumt in die neue Woche zu starten. »Nebenbei« werden auch Eigenständigkeit und Verbundenheit trainiert, und wenn die Übung um einen kleinen Ausblick auf die kommende Woche ergänzt wird, dient sie sogar der Entschlossenheit. Eine echte Allround-Übung also!

Nehmen Sie sich am Ende der Woche einen Moment Zeit, gemeinsam zu reflektieren, was losgelassen werden soll. Dazu können gehören:

- Die Anstrengung der Woche.
- Die Gedanken an die Mathe-Prüfung, die nun endlich vorbei ist.
- Der Ärger über den Streit am Mittwoch.
- Selbstvorwürfe, weil nicht alles geklappt hat oder erledigt wurde.
- Angst, dass irgendetwas nicht klappen könnte.
- Der Druck, der zur vergangenen Woche gehörte.

Überlegen Sie, ob die gefundenen Dinge losgelassen werden können oder ob Sie noch etwas brauchen. Das ist ein wichtiger Schritt, denn Loslassen muss unbedingt mit Freiwilligkeit einhergehen, sonst führt es in ein Gefühl von Verlust und nicht von Erleichterung.

Sollte etwas noch nicht losgelassen werden können, gibt es verschiedene Möglichkeiten, damit umzugehen: Braucht es noch Zeit? Dann kann es in Ruhe gelassen und in der nächsten Woche wieder angeschaut werden. Vielleicht braucht es aber auch »Versorgung«, zum Beispiel ein Gespräch oder Trost? Eine dritte Möglichkeit ist, dass es einen guten inneren Ort braucht, an dem es bleiben kann, ohne dort allzu viel Kraft zu ziehen. Wenn das der Fall ist, können Sie gemeinsam mit Ihrem Kind einen solchen Ort in der Vorstellung gestalten oder auch ganz praktisch bauen. Für kleinere Kinder ist es manchmal wesentlich leichter, ein schwieriges Thema nicht nur gedanklich, sondern auch ganz praktisch »parken« zu können. Wählen Sie dazu zum Beispiel eine verschließbare Box oder ein großes Glas. Dort hinein können die Dinge, die geparkt werden sollen, in Form von beschriebenen oder bemalten Zetteln gelegt werden. Fragen Sie Ihr Kind, ob das Glas oder die Box alle Voraussetzungen erfüllt, um das schmerzhafte Gefühl, die Erinnerung, die immer wieder piekt, oder das ärgerliche Thema gut aufzuheben. Von Zeit zu Zeit können Sie nachschauen, ob es eine Veränderung gegeben hat und irgendetwas mittlerweile gehen darf.

Für alles, das losgelassen werden kann, gibt es verschiedene Möglichkeiten, und Familien haben ganz unterschiedliche Ideen, was zu ihnen passt.

Viele Kinder mögen den »Sorgenschmetterling«. Stellen Sie sich gemeinsam vor, wie sich zum Beispiel die Anstrengung der vergangenen Woche in einen wunderschönen Schmetterling verwandelt. Er ist prächtig, wunderschön und voller Kraft, denn er hat eine wichtige Aufgabe. Stellen Sie sich vor, wie er sich in die Luft erhebt und tänzelnd immer höher steigt, bis er sich weit oben, wo er fast nicht mehr zu erkennen ist, in glitzernde Punkte auflöst, wie ein kleines Feuerwerk.

Andere Familien gehen pragmatischer ans Werk und verbrennen im Garten Zettelchen mit den aufgeschriebenen Loslass-Themen.

Überfordern Sie sich und Ihr Kind nicht. Loslassen kann ein schwieriges Thema sein. Sollten Sie ein einziges Gefühl, einen einzigen kleinen Groll oder nur eine einzige Sorge der vergangenen Woche finden, die gehen darf, seien Sie zufrieden und belassen Sie es ruhig dabei. Die Übung soll Spaß machen und erleichtern, nicht überfordern. Wenn Loslassen (noch) nicht geht, parken Sie die Themen. Gehen Sie mit gutem Beispiel voran und zeigen Sie, wie es geht!

Tauschen Sie sich nach dem ersten Teil der Übung unbedingt noch darüber aus, was in der letzten Woche gut oder besser als erwartet gelaufen ist, was Spaß gemacht hat oder lustig war. Beenden Sie die Übung mit einem kleinen Hoffnungsteil: Was hofft jede einzelne Person für die nächste Woche?

Entschlossenheit in der Familie stärken

Entschlossenheit ist die Zuversicht, vorwärts gehen zu können. Dazu brauchen wir – egal ob groß oder klein – eine Idee und Kraft.

Unterstützung und Ermutigung erleben wir bei diesem Vorhaben, wenn wir …

- eine Idee haben oder einen Wunsch hegen für die Zukunft.
- nicht ständig mit anderen verglichen werden, die irgendetwas können, was wir nicht beherrschen.
- den Fokus auf unseren eigenen Eigenschaften, Fähigkeiten oder Talenten erleben und somit spüren, dass wir mit unseren Möglichkeiten tatsächlich etwas bewirken können.

- durch Rückschläge nicht zum Aufgeben gebracht werden, sondern Ermutigung erfahren, wenn etwas nicht klappt.

Zur Erinnerung: Was gehört alles zu Entschlossenheit?

- **Zukunftsorientierung**: Ich habe Ziele und Visionen, die ich immer wieder prüfe, plane und umsetze.
- **Kreativität**: Ich habe ein Talent dafür, dass mir in unbekannten und herausfordernden Situationen neue Ideen und Lösungen einfallen.
- **Lösungsorientiertheit**: Ich habe die Fähigkeit, meine Aufmerksamkeit auf Möglichkeiten und Alternativen zu richten, statt bei den Problemen zu verharren.
- **Motivation** und **Durchhaltevermögen**: Ich bleibe dran und investiere in Veränderung, wenn ich einmal den Entschluss dazu gefasst habe.
- **Mut** und **Tapferkeit**: Wenn etwas wichtig ist, kann ich einiges aushalten. Ebenso habe ich aber auch die Kraft, meine Angst zu überwinden und tätig zu werden.

Übung: Das Zaubertier

Basteln oder malen Sie ein Zaubertier! Das ist ein Mischwesen aus drei verschiedenen Tieren, die für verschiedene Eigenschaften, Fähigkeiten oder Talente stehen.

1. Finden Sie gemeinsam eine Eigenschaft, Fähigkeit oder ein Talent Ihres Kindes. Dabei geht es weniger um Leistung, als vielmehr um eine besondere Stärke, die Ihnen beiden einfällt. Dann finden Sie ein Tier, das zu dieser Eigenschaft passt.

Beispiel: »Ich wähle, weil ich besonders lustig sein kann, einen Papagei.«

2. Finden Sie nun eine Eigenschaft, eine Fähigkeit oder ein Talent, von dem sich Ihr Kind ein wenig mehr wünschen würde. Auch hier wählen Sie wieder ein passendes Tier.
   Beispiel: »Ein bisschen mehr Mut wäre gut. Das mutigste Tier, das mir einfällt, ist ein Eichhörnchen. Das klettert und springt und hat keine Angst runterzufallen.«
3. Im dritten Schritt suchen Sie gemeinsam die Stärke, die Ihrem Kind in schwierigen Zeiten schon einmal geholfen hat und finden auch hier das entsprechende Tier. Beispiel: »Ich habe schon gezeigt, dass ich durchhalten kann. Dazu passt eine Forelle. Forellen schwimmen immer weiter, auch wenn das Wasser mal wilder ist, sie geben nicht auf.«
4. Der nächste Schritt ist das Kreieren des persönlichen Zaubertieres. Lassen Sie Ihr Kind überlegen, wie die Mischung aus einem Papagei, einem Eichhörnchen und einer Forelle aussehen könnte. Vielleicht hat es den Schwanz eines Eichhörnchens, den Schnabel eines Papageis und die schillernde Farbe der Forelle? Der Vorstellungskraft sind keine Grenzen gesetzt, das Ergebnis darf majestätisch, aber auch lustig und ein bisschen verrückt sein. Die Hauptsache ist ja, dass es in der Vorstellung Ihres Kindes entsteht und intensiv mit positiv erlebten Eigenschaften verbunden ist.

Nehmen Sie sich die Zeit, das Tier zu malen. Je greifbarer es wird, umso besser. Manche Familien basteln es auch aus Modelliermasse oder Knete.

Nutzen Sie das entstandene Zaubertier, um bestimmte Kräfte wachzurufen, wenn etwas Herausforderndes ansteht. Rufen Sie zum Beispiel vor dem Sportturnier den Löwen in Erinnerung, der Teil des Zaubertieres Ihres Kindes ist, damit er dabei sein und unterstützen kann.

»Hilfe, es brennt!« – Sofortmaßnahmen für Notsituationen

Wir alle kennen Situationen, in denen uns schwierige Gefühle überwältigen und alles zu viel wird. Das muss gar nicht heißen, dass wir nicht grundsätzlich auf einem guten Weg sind, ab und zu erwischt es uns ganz einfach und dann fühlt sich alles scheußlich an.

Für diese Art von Situationen haben sich ganz kleine und unkomplizierte SOS-Übungen bewährt. Sie sind darauf ausgerichtet, einer schwierigen Situation schnell und wirkungsvoll »den Wind aus den Segeln zu nehmen«, sodass wir uns wieder fangen können. Wichtig dafür ist allerdings, dass Sie diese SOS-Übungen im besagten Moment auch parat haben. Lesen Sie also vorab schon mal die SOS-Übungen durch und probieren Sie sie aus. Dann können Sie sich einprägen, was hilft und dies abrufen, wenn Sie es brauchen und es darauf ankommt.

SOS-Übung, wenn die Last Ihren Stand erschwert

Wenn Sie in einer Situation das Gefühl haben: »Ich kann das nicht aushalten, das ist alles zu viel!«, können kleine, einfache Techniken dazu dienen, wieder festeren Boden unter die Füße zu bekommen. Die folgende Übung hilft Ihnen dabei, sich zu zentrieren und zu beruhigen. Besonders hilfreich ist, dass sie völlig unbemerkt durchgeführt werden kann. Niemand muss mitbekommen, dass Sie gerade einen Anker benötigen:

1. Nehmen Sie zunächst einfach wahr, was gerade los ist und welche Sache im Vordergrund steht: Ein Gedanke? Ein Gefühl? Ein körperliches Empfinden? Versuchen Sie nicht wegzudrücken, was Sie wahrnehmen, gehen Sie aber auch nicht weiter hinein.
2. Kreuzen Sie Ihre Arme vor der Brust und legen Sie Ihre Handflächen auf Ihre Oberarme. Wenn es Ihnen angenehm ist, üben Sie sanften Druck aus, so als würden Sie sich selbst umarmen.
3. Drücken Sie Ihre Füße abwechselnd fest auf den Boden. Zählen Sie, wie oft Sie jedes Bein auf den Boden drücken und wieder loslassen, und spüren Sie dabei, wie sich Ihre Muskeln an- und entspannen.
4. Atmen Sie tief ein und vollständig wieder aus. Wenn Sie spontan gähnen müssen, ist das ein gutes Zeichen!

Mini-Übung

Manchmal muss es ganz besonders schnell gehen. Wenn wir drohen, davongespült zu werden, helfen körperliche Reize dabei, die Füße wieder auf den Boden zu bekommen. Möglichkeiten, die wir fast immer nutzen können, sind:

- Waschen Sie die Hände eiskalt.
- Kauen oder lutschen Sie ein scharfes Kaugummi oder Bonbon.
- Klopfen oder reiben Sie kräftig Ihre Arme und Beine.

Dazu ist nicht mehr Platz als in einer Toilettenkabine notwendig und auf diese können wir uns in fast jeder Lebenslage zurückziehen.

SOS-Übung, wenn Hilflosigkeit Ihre Eigenständigkeit überdeckt

Wenn Sie in einer Situation das Gefühl haben: »Ich bin aufgeschmissen, ich kann nichts tun!«, können kleine, einfache Techniken dazu dienen, wieder mit Ihrer Selbstwirksamkeit in Verbindung zu kommen.

Hilflosigkeit ist das intensive Erleben, nichts tun zu können. Der nächste Schritt, in Verzweiflung oder Panik zu verfallen, ist dann oft nicht weit. Gegen diesen Sog gehen wir am besten mit einer gegenteiligen Erfahrung an. Dabei ist es gar nicht wichtig, welche Tätigkeit wir hierfür nutzen. Es geht vielmehr um das dahinterliegende Prinzip. Wenn wir unserem Kopf, unserem Herzen und unserem Körper ermöglichen zu erleben, dass wir etwas tun können, tritt unsere Hilflosigkeit häufig ganz automatisch ein Stück weit in den Hintergrund: Kochen Sie zum Beispiel einen Tee. Damit ist zwar nicht ganz das berühmte »Abwarten und Tee trinken« gemeint, aber wirklich verkehrt ist dieser Spruch an dieser Stelle nicht. Natürlich wird der Tee das Thema, das uns gerade in die Hilflosigkeit geführt hat, nicht lösen. In aller Regel macht aber die Zeit, die es dauert, Wasser aufzusetzen, es zum Kochen zu bringen und einen Tee aufzubrühen, das Thema auch nicht größer. Dafür schenkt uns diese kleine Tätigkeit einen Moment Zeit. Das ermöglicht uns, innezuhalten und nicht automatisch von Hilflosigkeit in Panik zu rutschen. Und quasi nebenbei erleben Sie, dass Sie durchaus in der Lage sind, etwas zu tun: nämlich einen Tee zu kochen.

Mini-Übung

Es gibt unzählige Spiele auf dem Handy, bei denen es darum geht, Dinge zu suchen. Beispielsweise ist das Ziel eines Spiels, immer wieder vier gleiche Gegenstände aus einem ungeordneten Haufen von verschiedenen Gegenständen herauszusuchen. Der Stapel wir dabei immer kleiner, bis er ganz verschwindet. Diese Art von Spiel ist sehr geeignet, um ganz direkt zu erleben, dass wir etwas Ordnendes tun (gleiche Gegenstände antippen) und dass dies etwas bewirkt (Stapel wird immer kleiner), dass wir ein Ergebnis erzielen. Spiele, die das klassische »Malen nach Zahlen« nachempfinden, haben eine ähnliche Wirkung. Hier entsteht nach und nach ein buntes Bild, während wir ein Feld nach dem anderen kolorieren. Stöbern Sie ein wenig und finden Sie das Spiel, das Ihnen hilft, Ordnung und Pause in die Gedanken zu bringen. Die Auswahl der kostenfreien geeigneten Spiele ist groß. Suchen Sie aber unbedingt eines aus, bei dem es nicht um gewinnen oder verlieren unter Zeitdruck geht. Sie wollen ja erleben, dass Sie etwas tun können, die Kontrolle haben, da ist ein im Hintergrund laufender Timer, der Sie unter Druck setzt, nicht hilfreich.

SOS-Übung, wenn Einsamkeit Ihre Verbundenheit verdeckt

Wenn Sie in einer Situation das Gefühl haben: »Ich habe niemanden an meiner Seite, ich bin ganz allein«, können kleine, einfache Techniken dazu dienen, Ihre Verbundenheit wieder spürbar zu machen.

Die folgende Übung können Sie vorbereiten und gut nutzen, wann auch immer Sie sie brauchen. Richten Sie dazu ein Album auf Ihrem Handy oder ein kleines Notizbüchlein ein. Sammeln Sie in der kommenden Zeit Nachrichten, Bilder, Gedanken, Inspirationen, Momente und Begegnungen, die Sie in irgendeiner Weise Verbundenheit erleben lassen. Das kann die SMS sein, die Sie zum Lachen bringt, ein schöner Moment auf dem Flohmarkt am Wochenende, ein inspirierender Gedanke, den Sie gelesen haben, das Foto Ihres Lieblingsbaumes im Park oder der Anruf einer lieben Person, die an Sie gedacht hat. Schalten Sie Ihren »Verbundenheitsradar« ein und sammeln Sie gute Augenblicke für die Momente, in denen Sie sich einsam und verloren fühlen. Wenn wir uns gerade von aller Welt verlassen fühlen, kommen wir häufig gedanklich nicht an die Erinnerungen heran, die eigentlich gerade helfen könnten. Sie fallen uns nicht ein oder sind schlicht nicht greifbar hinter all den schmerzhaften Gefühlen. Das ist anders, wenn wir ein kleines Album haben, das all die guten Momente für uns fest- und bereithält. Sie müssen es nur anschauen, und sich daran erinnern, wer und was stärkend an Ihrer Seite ist. Wenn Sie das Gefühl haben, nicht genug zufällige Momente sammeln zu können, führen Sie selbst und aktiv Momente der Verbundenheit herbei und dokumentieren Sie diese in Ihrem Verbundenheitsalbum!

Mini-Übung

Stellen Sie Kontakt zu sich selbst her. Das geht ganz unauffällig und wirkt gut gegen das Gefühl, ganz allein zu sein.

Legen Sie eine Hand auf Ihren Brustkorb, dort, wo bei einem V-Ausschnitt das V ist. Spüren Sie die Berührung Ihrer eigenen Hand, summen Sie oder stellen Sie sich vor, dass Sie summen. Eine weitere Variante ist, dass Sie die Hand, die sich gerade kleiner oder einsamer anfühlt (Lachen Sie nicht, in der Regel haben wir ein Gefühl dazu!) in Ihre andere Hand legen. Die stärkere Hand umschließt nun die schwächere, streichelt, drückt oder hält sie einfach nur.

SOS-Übung, wenn Wut oder Panik Ihre Gelassenheit vernebeln

Wenn Sie in einer Situation das Gefühl haben: »Ich kann gleich für nichts mehr garantieren«, können kleine, einfache Techniken helfen, Ihre Gelassenheit wiederzuerlangen.

Die folgende Übung dient dazu, eine kurze Verschnaufpause einzulegen, um die Beherrschung wiederzugewinnen. Glücklicherweise gibt es fast keine Situation, in der wir uns nicht kurz auf die Toilette verabschieden können. Nutzen Sie diese gesellschaftliche Norm und nehmen Sie sich eine Fünf-Minuten-Auszeit.

1. Wenn möglich, setzen Sie sich auf den Toilettendeckel oder den Badewannenrand, und nehmen Sie bewusst wahr, dass Sie Ihr Gewicht für einen kleinen Moment an die Sitzfläche

abgeben können. Wenn Sie sich nicht setzen können, stellen Sie sich einfach stabil hin und verteilen Sie Ihr Gewicht auf beide Beine.

2. Atmen Sie tief durch die Nase in Brust und Bauch ein und anschließend vollständig und kraftvoll durch den Mund wieder aus.
3. Strecken Sie sich: Nehmen Sie dafür zuerst Ihren einen Arm über den Kopf, um diese Körperseite über Ihre Flanke, das Bein, bis hin zum Fuß in die Länge zu ziehen. Wiederholen Sie die Dehnung mit der anderen Körperseite.
4. Geben Sie sich noch einen Moment der Ruhe, bevor Sie wieder zurückgehen.

Mini-Übung

Um den Kopf und die Gedanken schnell und unkompliziert ruhiger und klarer zu bekommen, hilft der folgende Trick: Legen Sie eine Handfläche auf Ihre Stirn. Beobachten Sie, wie die Berührung und der entstehende Fokus nach und nach die Geschwindigkeit der Gedanken drosseln und der Kopf immer klarer wird.

SOS-Übung, wenn Verzweiflung Ihre Entschlossenheit aushebelt

Wenn Sie in einer Situation das Gefühl haben: »Ich kann es auch gleich lassen, das hat alles keinen Sinn«, können kleine, einfache Techniken dazu dienen, Ihre Entschlossenheit wiederzufinden. Die folgende Übung hilft dabei, sich zu sortieren und aus der Erstarrung zu finden.

Gefühle von Verzweiflung oder der Impuls, alles hinschmeißen zu wollen, können viele Gründe haben. Oft vermischen sich die Gründe dafür und sind nicht mehr klar zu erkennen. Prüfen Sie deshalb, wenn Sie der Mut verlässt, zunächst Folgendes:

- Sind Sie gerade hungrig oder vielleicht sogar unterzuckert?
- Haben Sie zu wenig getrunken?
- Sind Sie müde oder erschöpft?
- Hat Sie gerade etwas unversehens aus dem Takt gebracht? Zum Beispiel ein schmerzhaftes Gefühl wie Scham oder dass Sie etwas nicht geschafft haben?
- War Ihr Kopf ohnehin schon angestrengt und ist nun noch etwas Weiteres dazu gekommen?

Wenn Sie auch nur eine dieser Fragen mit »Ja« beantwortet haben, setzen Sie Ihrer Verzweiflung ein liebevolles »Stopp«. Sagen Sie zu ihr: »Du wartest kurz, während ich tue, was nötig ist. Dann schaue ich wieder nach dir.« Schaffen Sie dann zuerst ganz praktisch Abhilfe: Essen oder trinken Sie etwas, machen Sie eine Pause, oder schaffen Sie ein wenig Abstand zu dem, was gerade war, zum Beispiel durch Bewegung. Geben Sie sich ein wenig Zeit und Raum, damit der Kopf sich wieder sortieren kann. Erst dann überlegen Sie, was der nächste kleine Schritt ist.

Mini-Übung

Manchmal reicht es aus, kleine Veränderungen an uns selbst vorzunehmen, damit eine Situation ihre Qualität verändert. Tun

Sie also etwas anderes: Stehen Sie auf, gehen Sie zum nächsten Waschbecken und waschen Sie sich kalt die Hände. Die Bewegung unseres Körpers, die Veränderung dessen, was wir tun, und die sensorischen Eindrücke können wirkungsvoll dazu beitragen, dass wir uns wieder als aktiv wahrnehmen und die Lähmung spürbar abnimmt.

Teil 3:
Grenzen der Belastbarkeit erkennen – wenn die Schräglage überfordert

Wir Menschen besitzen grundsätzlich eine ausgeprägte Fähigkeit uns anzupassen, aus Krisen zu lernen und mit veränderten – auch unerwünschten – Bedingungen umzugehen. Manchmal ist der Ruck der Veränderung aber so stark, dass es uns aus der Bahn wirft, die Neuausrichtung mithilfe der inneren Pole vorübergehend nicht ausreichend gut funktioniert oder unsere Kräfte übersteigt.

Diese Überforderung kann sich dabei im Innen und im Außen zeigen. Deshalb wird sich dieses Kapitel mit den Fragen »Wie erkenne ich, dass meine Psyche um Hilfe ruft und dass ich Hilfe brauche?« und »Wie gehe ich in einer Zeit, in der alle mehr als sonst unter Strom stehen, mit Konflikten um?« beschäftigen.

Wenn es innen kippt – und die Psyche Hilfe braucht

Natürlich gehört es zu Lebenskrisen dazu, dass wir Einschränkungen wahrnehmen, uns nicht topfit fühlen oder uns anders erleben als in Zeiten, in denen alles gut läuft. Wir alle wenden dann einige Zeit lang das an, was sich für uns bewährt hat, um durchzuhalten und wieder zu Kräften zu kommen, und hoffen auf Besserung. Dabei ist es manchmal gar nicht so einfach zu erkennen, wann aus einem Belastungserleben ein Überlastungserleben wird und die Psyche nicht mehr nur Anspannung signalisiert, sondern richtiggehend um Hilfe ruft. Deshalb soll das folgende Kapitel eine Hilfestellung dabei sein, bestimmte Kombinationen aus Symptomen zu erkennen, die eine Tendenz haben, sich festzusetzen und deshalb besser mit Hilfe und nicht allein bewältigt werden. Mithilfe der angebotenen Selbsttests können Sie verschiedene Themenbereiche abklopfen und sich ein Bild von Ihrem eigenen psychischen Zustand machen.

Manchmal bewältigen wir schwierige Lebenssituationen auch dadurch, dass wir nicht so genau darauf schauen, wie es uns eigentlich geht. Das kann uns eine Zeit lang ermöglichen, weiter einen Fuß vor den anderen zu setzen. Wenn aber die Schräglage eine gewisse Zeit andauert und unsere Psyche deutlich signalisiert, dass sie nicht mehr zurechtkommt, ist es höchste Zeit hinzusehen und etwas zu verändern. Hinschauen ist also wichtig – und kann gleichzeitig anstrengend sein. Dosieren Sie gut, welche und wie viele Selbsttests Sie machen wollen, welche Bereiche Sie interessieren und wann es eine Pause braucht.

Neben den in den Selbsttests abgefragten Warnsignalen gibt es weitere gute Gründe, Unterstützung zu suchen und Hilfe anzunehmen. Dazu gehören – ganz egal, wie die Ergebnisse der Selbsttests aussehen – folgende:

- Sie fühlen sich anhaltend hilflos, verloren oder so stark belastet, dass Sie sich Unterstützung bei der Einschätzung oder der Bewältigung Ihrer Situation wünschen.
- Wichtige Lebensbereiche sind so eingeschränkt, dass Sie darunter leiden und das Gefühl haben, sich nicht stabilisieren zu können.
- Menschen in Ihrem Umfeld machen sich große Sorgen um Sie.
- Ihre Lebenskrise hat mit existenziellen Themen wie Tod, Suizid, Gewalt oder dem Verlust Ihrer Existenzgrundlage zu tun.

Bei den Selbsttests handelt es sich nicht um normierte klinische Tests, die zum Beispiel in Kliniken oder Praxen angewendet werden, um Diagnosen zu stellen. Das ist hier nicht die Zielsetzung.

Machen Sie die Tests in Ruhe und an einem eher durchschnittlichen Tag. Unsere Sicht auf uns selbst ist nämlich gar nicht so objektiv, wie wir oft denken. Ihre Selbsteinschätzung wird deshalb an einem sehr stressigen oder schwarzen Tag wahrscheinlich anders ausfallen als an einem Tag, der Ihnen leichter von der Hand geht. Überbewerten Sie die Ergebnisse daher auch nicht. Sie sollen Ihnen lediglich dabei helfen, etwas gezielter in die eine oder andere Richtung zu denken, um abklopfen zu können, was gerade Ihr Thema ist – und was gerade auch nicht.

Hinweise auf eine psychosomatische Erschöpfung erkennen

Was wir erleben, beeinflusst unseren Körper – das wissen wir alle. So spiegeln sich auch Stress und Daueralarm während einer schwierigen Lebenssituation im Körper wider. Das geht weit über die bloße Anstrengung hinaus, die entsteht, wenn wir uns kurzfristig körperlich verausgabt haben.

Anhaltende Belastungen führen zu Daueranspannung und den entsprechenden Symptomen. Dabei nutzt der Körper viele verschiedene Ebenen, um zu signalisieren, dass er unter der Dauerlast leidet und Unterstützung oder Entlastung braucht. Wenn das Erleben dieser Symptome dann weiteren Stress auslöst, gerät der Körper unter Umständen in eine Dauerschleife aus Stress und Anspannung, die zur Überlastung wird und schließlich zu einer Erschöpfung führen kann. Bei manchen Menschen zeigt sich diese vor allem körperlich, bei anderen eher psychisch.

Selbsttest: Hinweise auf eine psychosomatische Erschöpfung

Dieser Test hilft Ihnen bei der Einschätzung Ihrer Situation: Erinnern Sie sich an die letzten 14 Tage, und kreuzen Sie an, wie sehr Sie in Bezug auf diese vergangenen zwei Wochen der getroffenen Aussage zustimmen. Dazu können Sie zwischen vier Möglichkeiten wählen: Die 0 bedeutet, dass Sie der Aussage für die letzten zwei Wochen überhaupt nicht zustimmen, die 1, dass Sie ein wenig zustimmen. Die 2 bedeutet, dass Sie überwiegend zustimmen und mit der 3 stimmen Sie der Aussage voll und ganz zu. Am Ende des Selbsttests können Sie Ihren ermittelten Punktwert eintragen.

1. Ich fühle mich derzeit häufig körperlich erschöpft und am Ende meiner Kraft.

   stimme überhaupt nicht zu 0 1 2 3 stimme voll und ganz zu

2. Es ist unendlich mühsam mich aufzuraffen, ich muss mich zu allem zwingen.

   stimme überhaupt nicht zu 0 1 2 3 stimme voll und ganz zu

3. Alle Aufgaben, auch die kleinen, fühlen sich gerade anstrengend an.

   stimme überhaupt nicht zu 0 1 2 3 stimme voll und ganz zu

4. Ich kann mich zu nichts entschließen, schiebe alles Mögliche vor mir her.

   stimme überhaupt nicht zu 0 1 2 3 stimme voll und ganz zu

5. Meine Kraftlosigkeit macht mich hoffnungslos und niedergeschlagen.

   stimme überhaupt nicht zu 0 1 2 3 stimme voll und ganz zu

6. Ich erlebe Situationen, in denen ich normalerweise etwas fühlen würde, aber selbst dazu bin ich zu erschöpft.

   stimme überhaupt nicht zu 0 1 2 3 stimme voll und ganz zu

7. Ich habe häufig Schmerzen im Rücken, in den Gelenken oder Muskeln, oder leide unter Kopf- oder Nackenschmerzen.

stimme überhaupt nicht zu 0 1 2 3 stimme voll und ganz zu

8. Ich leide zurzeit immer wieder unter Schwindelgefühlen oder habe Kreislaufprobleme.

stimme überhaupt nicht zu 0 1 2 3 stimme voll und ganz zu

9. Ich leide unter häufigen Magenverstimmungen, Übelkeit, Verdauungsbeschwerden oder Unterbauchschmerzen.

stimme überhaupt nicht zu 0 1 2 3 stimme voll und ganz zu

10. Mein Essverhalten hat sich unbeabsichtigt stark verändert.

stimme überhaupt nicht zu 0 1 2 3 stimme voll und ganz zu

11. Mit dem Schlafen klappt es gerade nicht gut.

stimme überhaupt nicht zu 0 1 2 3 stimme voll und ganz zu

12. Ich habe derzeit weniger Lust auf sexuelle Stimulation oder Intimität.

stimme überhaupt nicht zu 0 1 2 3 stimme voll und ganz zu

Meine momentane Punktzahl: ____/36

Auswertung:
Selbsttest – Hinweise auf eine psychosomatische Erschöpfung

0–12 Punkte

Ihr Punktwert ist im unteren Drittel und deutet darauf hin, dass Sie sich zurzeit wahrscheinlich nicht ausgesprochen erschöpft oder ausgelaugt fühlen. Sie verfügen noch über Energiereserven – das ist ein großes Plus in belastenden Zeiten! Behalten Sie Ihren Energiehaushalt im Blick und pflegen Sie ihn gut. Wenn Sie sich trotzdem nicht gut fühlen oder Beschwerden haben, die Ihnen Sorgen bereiten, holen Sie sich bitte fachliche Unterstützung bei der Einschätzung.

Hinweise auf mögliche Hilfsangebote finden Sie im Kapitel »Es muss nicht allein gehen – Hilfe finden« am Ende dieses Buches.

13–24 Punkte

Ihre Energiereserven befinden sich in einem Mittelbereich. Ihr Akku ist weder richtig voll noch völlig leer. Bitte schenken Sie diesem Ergebnis genügend Aufmerksamkeit. Auch wenn es keinen Grund zu ausgeprägter Sorge gibt, versuchen Sie bitte aktiv Ihre Kraftreserven zu pflegen und aufzubauen, damit Sie nicht in eine Erschöpfung geraten. Wenn Sie merken, dass sich abgefragte Bereiche negativ verändern, die in diesem Fragebogen thematisiert sind, warten Sie bitte nicht zu lange, sondern suchen Sie sich zeitnah ärztliche, beraterische oder psychotherapeutische Unterstützung.

Hinweise auf mögliche Hilfsangebote finden Sie im Kapitel »Es muss nicht allein gehen – Hilfe finden« am Ende dieses Buches.

25–36 Punkte

Ihr Punktwert liegt im oberen Drittel und deutet darauf hin, dass Ihre Kraftreserven zum großen Teil aufgebraucht und Sie tief erschöpft sind. Vielleicht machen Sie bereits die Erfahrung, dass Ihnen sogar die Kraft für angenehme Tätigkeiten oder Dinge fehlt, die Sie normalerweise begeistern.

Bitte überlegen Sie sich, sobald es geht, was geeignete Schritte sein können, um Ihre Kraftreserven aufzufüllen und wo Sie fachliche Unterstützung in Anspruch nehmen können. Am besten wiederholen Sie diesen Test in ein paar Tagen. Wenn Sie dann ähnliche Werte erzielen, nehmen Sie dieses Ergebnis bitte ernst, denn eine massive anhaltende Erschöpfung kann schwerwiegende psychische und körperliche Folgen haben. Werden Sie aktiv, teilen Sie sich einem vertrauten Menschen mit und nehmen Sie zeitnah ärztliche und vielleicht auch psychotherapeutische Hilfe in Anspruch.

Hinweise auf mögliche Hilfsangebote finden Sie im Kapitel »Es muss nicht allein gehen – Hilfe finden« am Ende dieses Buches.

Hinweise auf eine Depression erkennen

Phasen, in denen wir uns niedergeschlagen, antriebslos oder gereizt fühlen, kennen wir alle. Natürlich liegen diese Gefühle in Krisenzeiten mit in der Natur der Sache und müssen nicht gleich bedeuten, dass sich bereits eine Depression entwickelt hat. Wenn diese Gefühle sich aber über einen längeren Zeitraum halten, tendenziell sogar immer stärker werden und Ihre Lebensqualität weiter und weiter einschränken, ist Vorsicht geboten. Eine Depression entsteht in der Regel im Zusammenspiel verschiedener Faktoren. Welche das im Einzelnen sind, ist individuell unterschiedlich. Unstrittig ist jedoch, dass Lebenskrisen zur Entwicklung depressiver Erkrankungen beitragen können und Menschen eine unterschiedliche Verletzlichkeit bezüglich Depressionen in sich tragen.

Da depressive Erkrankungen häufig vorkommen, sich oft

schleichend entwickeln und dann unangenehm hartnäckig festsetzen können, ist rechtzeitiges Erkennen und Handeln eine große Chance und sehr hilfreich.

Selbsttest: Hinweise auf eine Depression

Dieser Test hilft Ihnen bei einer ersten Einschätzung Ihrer Situation: Erinnern Sie sich an die letzten 14 Tage, und kreuzen Sie an, wie sehr Sie in Bezug auf diese vergangenen zwei Wochen der getroffenen Aussage zustimmen. Dazu können Sie zwischen vier Möglichkeiten wählen: Die 0 bedeutet, dass Sie der Aussage für die letzten zwei Wochen überhaupt nicht zustimmen, die 1, dass Sie ein wenig zustimmen. Die 2 bedeutet, dass Sie überwiegend zustimmen, und mit der 3 stimmen Sie der Aussage voll und ganz zu. Am Ende des Selbsttests können Sie Ihren ermittelten Punktwert eintragen.

1. Ich fühle mich derzeit vermehrt freud- und hoffnungslos oder habe das Gefühl, mehr und mehr den Kontakt zu meinen Gefühlen zu verlieren.

   stimme überhaupt nicht zu 0 1 2 3 stimme voll und ganz zu

2. Dinge, die ich eigentlich mag, machen mir gerade keine Freude.

   stimme überhaupt nicht zu 0 1 2 3 stimme voll und ganz zu

3. Mir ist in letzter Zeit häufig zum Weinen zumute, manchmal sogar ohne dass ich weiß, warum.

   stimme überhaupt nicht zu 0 1 2 3 stimme voll und ganz zu

4. Ich fühle mich unangenehm unruhig und getrieben, habe aber gleichzeitig kaum die Kraft, mich zu irgendetwas aufzuraffen.

stimme überhaupt nicht zu 0 1 2 3 stimme voll und ganz zu

5. Ich schlafe nicht gut, komme nur schwer aus dem Bett, habe tagsüber wenig Energie, fühle mich antriebslos und müde.

stimme überhaupt nicht zu 0 1 2 3 stimme voll und ganz zu

6. Ich habe körperliche Beschwerden (wie zum Beispiel häufige Kopfschmerzen) oder unabsichtlich deutlich an Körpergewicht verloren.

stimme überhaupt nicht zu 0 1 2 3 stimme voll und ganz zu

7. Ich finde es schwierig, mich auf etwas zu konzentrieren oder Entscheidungen zu treffen.

stimme überhaupt nicht zu 0 1 2 3 stimme voll und ganz zu

8. Mein Kopf ist viel mit dunklen Gedanken oder Grübeleien beschäftigt, ich bekomme ihn nur schwer zur Ruhe.

stimme überhaupt nicht zu 0 1 2 3 stimme voll und ganz zu

9. Viele Dinge bringen mich gerade auf die Palme oder machen mich unzufrieden.

stimme überhaupt nicht zu 0 1 2 3 stimme voll und ganz zu

10. Ich mag mich gerade selbst nicht leiden und traue mir nichts zu.

stimme überhaupt nicht zu 0 1 2 3 stimme voll und ganz zu

11. Wenn ich über mich selbst, meine Beziehungen, mein Leben und die Zukunft nachdenke, bin ich hoffnungslos und voller Zweifel.

stimme überhaupt nicht zu 0 1 2 3 stimme voll und ganz zu

12. Manchmal beschäftigt mich die Frage, ob mein Leben überhaupt noch einen Sinn hat.

stimme überhaupt nicht zu 0 1 2 3 stimme voll und ganz zu

Meine momentane Punktzahl: ____/36

Auswertung:
Selbsttest – Hinweise auf eine Depression

Wichtiger Hinweis: Sollten Sie – ganz unabhängig von Ihren sonstigen Antworten – Punkte für Frage 12 eingetragen haben, überlegen Sie bitte, wem Sie sich mit Ihren Sorgen und der Frage, ob das Leben noch einen Sinn hat, anvertrauen können. Verzweiflung und Hoffnungslosigkeit können erste Anzeichen dafür sein, dass Ihrer Psyche die Kraft ausgeht. Mit guter Unterstützung können Sie sich stabiler aufstellen und einer Verschlechterung entgegenwirken.

Sollten sich die Gedanken an den Tod oder daran, sich das Leben zu nehmen, verstärken, oder sollten Sie bemerken, dass Sie sofort Hilfe brauchen, zögern Sie bitte nicht! Hier finden Sie schnelle Hilfe:

Über die Rufnummern **0800-1110111** und **0800-1110222** oder im Internet unter **www.telefonseelsorge.de** erreichen Sie 24 Stunden am Tag und kostenlos aus ganz Deutschland die anonyme Beratung der Telefonseelsorge.

Über die Rufnummer **116 117** oder unter **www.116117.de** erreichen Sie den ärztlichen (psychiatrischen) Bereitschaftsdienst in Ihrer Region. Hier sind Sie richtig, wenn Sie unmittelbar ärztliche Unterstützung benötigen und nicht bis zur regulären Sprechstunde warten können.

Wenn Sie in eine akute Krise mit Suizidgefährdung kommen, rufen Sie bitte direkt beim Rettungsdienst unter der Rufnummer **112** an oder fahren Sie in die Notaufnahme des zuständigen psychiatrischen Krankenhauses.

Listen von Kliniken, aber auch Krisendiensten in Ihrer Nähe finden Sie zum Beispiel im Internet unter **www.psychenet.de** unter dem Menüpunkt »Hilfe finden«.

Weitere Hinweise auf mögliche Hilfsangebote finden Sie im Kapitel »Es muss nicht allein gehen – Hilfe finden« am Ende dieses Buches.

0–12 Punkte

Ihr Punktwert befindet sich im unteren Bereich. Wahrscheinlich fühlen Sie sich zurzeit nicht besonders niedergeschlagen. Damit sind die Anzeichen für eine depressive Verstimmung nicht ausgeprägt.

Falls Sie sich trotzdem nicht gut fühlen oder Beschwerden haben, die Ihnen Sorgen bereiten, holen Sie sich ruhig fachliche Hilfe bei der Einschätzung. Manchmal genügt schon ein Gespräch mit einer außenstehenden Person, um sich zu orientieren und klarer zu sehen.

Hinweise auf mögliche Hilfsangebote finden Sie im Kapitel »Es muss nicht allein gehen – Hilfe finden« am Ende dieses Buches.

13–24 Punkte
Ihre Angaben befinden sich im Mittelbereich und zeigen Anzeichen dafür, dass Ihre Stimmung immer wieder gedrückt ist und Sie sich niedergeschlagen fühlen.

Das können Anzeichen für eine depressive Entwicklung sein, die Sie ernst nehmen sollten. Bitte holen Sie sich Unterstützung, sodass Sie professionelle Hilfe bei der Einschätzung Ihrer Situation haben. Bitte warten Sie nicht zu lange mit diesem Schritt, insbesondere, um einer Verschlechterung vorzubeugen und damit Sie Ihre Kraft gezielt für eine baldige Stabilisierung und Verbesserung einsetzen können. Sollten sich die abgefragten Bereiche verschlechtern, ist es höchste Zeit, beraterische, psychotherapeutische oder ärztliche Hilfe in Anspruch zu nehmen.

Hinweise auf mögliche Hilfsangebote finden Sie im Kapitel »Es muss nicht allein gehen – Hilfe finden« am Ende dieses Buches.

25–36 Punkte
Ihr Punktwert liegt im oberen Drittel und zeigt damit ernste Anzeichen einer möglichen Depression. Bitte holen Sie ohne weiteres Abwarten Hilfe an Ihre Seite. Eine genauere Untersuchung und fachliche Unterstützung sind dringend angezeigt, damit es wieder leichter werden kann. Nehmen Sie dazu bitte zeitnah Kontakt zu einer hausärztlichen, psychiatrischen, neurologischen oder psychotherapeutischen Praxis auf.

Hinweise auf mögliche Hilfsangebote finden Sie im Kapitel »Es muss nicht allein gehen – Hilfe finden« am Ende dieses Buches.

Hinweise auf riskantes Verhalten erkennen

Neben bestimmten Substanzen (wie etwa Alkohol, Nikotin oder anderen Rauschmitteln) haben auch gewisse Verhaltensweisen (zum Beispiel online zu spielen, sich starke körperliche Reize zuzufügen oder das Essverhalten zu kontrollieren) das Potenzial, unsere Gefühle, unser Erleben von Kontrolle oder das Empfinden von übergroßem Druck oder schmerzhaften Gefühlen zu verändern. Besonders in Lebenssituationen, in denen unsere Psyche nach Strohhalmen greift und wir viel zu viel aushalten müssen, besteht eine erhöhte Gefahr, dass wir dabei die Kontrolle verlieren. Dann kann sich Schritt für Schritt, mehr oder weniger schnell ein Verhalten zu einer Sucht entwickeln. Was kurzzeitig dabei hilft, dem Druck zu entfliehen und sich für eine Weile besser zu fühlen, kann dann zu einem neuen Problem werden und die vorhandenen Probleme noch verstärken. Deshalb kann es hilfreich sein, einen ehrlichen Blick auf eigene Verhaltensmuster zu werfen, insbesondere, wenn Sie dieses Thema vielleicht schon aus Ihrem bisherigen Leben kennen.

Selbsttest: Hinweise auf riskantes Verhalten

Dieser Test hilft Ihnen bei einer ersten Einschätzung Ihrer Situation: Erinnern Sie sich an die letzten 14 Tage, und kreuzen Sie an, wie sehr Sie in Bezug auf diese vergangenen zwei Wochen der getroffenen Aussage zustimmen. Dazu können Sie zwischen vier Möglichkeiten wählen: Die 0 bedeutet, dass Sie der Aussage für die letzten zwei Wochen überhaupt nicht zustimmen, die 1, dass Sie ein wenig zustimmen. Die 2 bedeutet, dass Sie überwiegend zustimmen, und mit der 3 stimmen Sie der Aussage voll und ganz zu. Am Ende des Selbsttests können Sie Ihren ermittelten Punktwert eintragen.

1. In letzter Zeit greife ich häufiger zu Substanzen (Medikamente, Alkohol oder andere Stoffe), um meine Gefühle zu verändern.

   stimme überhaupt nicht zu 0 1 2 3 stimme voll und ganz zu

2. Ich nutze diese Substanzen häufiger, als ich für gesund halte. Es fällt mir schwer, ein Maß zu finden oder einzuhalten.

   stimme überhaupt nicht zu 0 1 2 3 stimme voll und ganz zu

3. In letzter Zeit nutze ich vermehrt bestimmte Tätigkeiten (Surfen im Internet, Fernsehen, Shoppen, Computerspiele …), um meine Gefühle zu verändern.

   stimme überhaupt nicht zu 0 1 2 3 stimme voll und ganz zu

4. Ich verbringe mehr Zeit mit diesen Tätigkeiten, als ich für gesund halte. Es fällt mir schwer, ein Maß zu finden oder einzuhalten.

   stimme überhaupt nicht zu 0 1 2 3 stimme voll und ganz zu

5. Ich habe häufig das Bedürfnis, mich zurückzuziehen und bestimmte Dinge zu tun (z. B. Medikamente, Alkohol oder andere Stoffe zu konsumieren, im Internet zu surfen, fernzusehen, online zu shoppen oder Computer zu spielen), um meinen Kopf auszuschalten, ein Gefühl von Kontrolle, Trost, Ablenkung oder Betäubung zu erreichen.

   stimme überhaupt nicht zu 0 1 2 3 stimme voll und ganz zu

6. Auch wenn ich diese Dinge (siehe Frage 5) gerade nicht nutze, drehen sich meine Gedanken darum.

stimme überhaupt nicht zu 0 1 2 3 stimme voll und ganz zu

7. Wenn ich nicht die Möglichkeit dazu habe, diese Dinge (siehe Frage 5) zu tun, erzeugt das Stress, Hilflosigkeit und Wut.

stimme überhaupt nicht zu 0 1 2 3 stimme voll und ganz zu

8. Ich habe schon mehrfach versucht, ein gesünderes Maß bei diesen Dingen (siehe Frage 5) einzuhalten.

stimme überhaupt nicht zu 0 1 2 3 stimme voll und ganz zu

9. Ich vernachlässige wichtige Menschen, Pflichten oder Aufgaben, um mehr Zeit für diese Dinge (siehe Frage 5) zu haben.

stimme überhaupt nicht zu 0 1 2 3 stimme voll und ganz zu

10. Andere Menschen haben mich schon darauf angesprochen, dass mein Verhalten nicht gesund ist und aus dem Ruder läuft.

stimme überhaupt nicht zu 0 1 2 3 stimme voll und ganz zu

11. Ich spüre in der letzten Zeit einen wachsenden Druck, mich selbst zu verletzen, um meine innere Spannung zu regulieren.

stimme überhaupt nicht zu 0 1 2 3 stimme voll und ganz zu

12. Ich spüre in der letzten Zeit einen wachsenden Druck, meine innere Spannung durch Essverhalten zu regulieren (z. B. Kalorienzählen, Essattacken, herbeigeführtes Erbrechen o.Ä.).

stimme überhaupt nicht zu 0 1 2 3 stimme voll und ganz zu

Meine momentane Punktzahl: ____ /36

Auswertung: Selbsttest – Hinweise auf riskantes Verhalten

Wichtiger Hinweis: Sollten Sie – ganz unabhängig von Ihren sonstigen Antworten – Punkte für die Fragen 11 und/oder 12 eingetragen haben, überlegen Sie bitte, wem Sie sich mit diesen Themen anvertrauen können. Ihre Psyche versucht sich auf eine Weise zu regulieren, die Ihnen Schaden zufügt. Einmal eingeschlagen, sind diese Wege manchmal aus eigener Kraft nicht mehr leicht zu verlassen. Bitte suchen Sie sich beraterische, ärztliche oder psychotherapeutische Hilfe, denn mit guter Unterstützung können Sie andere Strategien stabilisieren und einer Verfestigung entgegenwirken.

0–12 Punkte

Ihr Punktwert ist im unteren Drittel und deutet darauf hin, dass Sie zurzeit kaum oder wenig riskantes Verhalten bei sich wahrnehmen. Wiederholen Sie den Test ruhig in regelmäßigen Abständen – insbesondere, wenn Sie sich bei manchen Fragen wiedererkannt haben oder wissen, dass Ihr Verhalten manchmal dazu tendiert, sich zu verselbstständigen. So können Sie sich gut im Blick behalten und übersehen nicht, wenn sich etwas verändert. Versuchen Sie bewusst, gesunde Alternativen zu den hier abgefragten Dingen zu finden, um sich zu regulieren oder besser zu fühlen.

Wenn Sie sich trotzdem nicht gut mit Ihrem Verhalten fühlen, Sie Erfahrung mit Sucht, Selbstverletzung oder Essproblemen haben oder gerade sehr viel Kraft aufwenden müssen, um nicht die Kontrolle über bestimmte Verhaltensweisen zu verlieren, holen Sie lieber früher als später fachliche Unterstützung an Ihre Seite.

Hinweise auf mögliche Hilfsangebote finden Sie im Kapitel »Es muss nicht allein gehen – Hilfe finden« am Ende dieses Buches.

13–24 Punkte

Ihre Punktzahl befindet sich in einem Mittelbereich, der durchaus darauf hinweisen kann, dass Sie, mehr als Ihnen lieb oder als gesund für Sie ist, zu Strategien greifen, die drohen, aus dem Ruder zu laufen. Vielleicht nehmen Sie schon eine gewisse Einschränkung bestimmter Lebensbereiche oder Ihrer Flexibilität wahr oder haben das Gefühl, Ihren Pflichten und Beziehungen nicht mehr gerecht zu werden.

Wenn Sie bemerken, dass der Versuch, das fragliche Verhalten einzuschränken, zu Unruhe, Angespanntheit oder Gereiztheit führt oder sich Bereiche aus dem Fragebogen negativ verändern, warten Sie bitte nicht länger, sondern holen Sie beraterische, psychotherapeutische oder ärztliche Hilfe an Ihre Seite. So können Sie verhindern, dass riskantes Verhalten zusätzliche Probleme mit sich bringt und Sie in einen Teufelskreis führt.

Hinweise auf mögliche Hilfsangebote finden Sie im Kapitel »Es muss nicht allein gehen – Hilfe finden« am Ende dieses Buches.

25–36 Punkte

Ihr Punktwert liegt im oberen Drittel und zeigt deutliche Hinweise auf riskantes Verhalten. Ihre Antworten deuten darauf hin, dass sich bestimmte Dinge, die Sie nutzen, um sich besser zu fühlen oder Spannung abzubauen, mittlerweile verselbstständigt haben.

Es kann sein, dass Sie immer wieder spüren, dass bestimmte Ihrer Verhaltensweisen mittlerweile mehr kosten, als sie bringen, und dass Sie bereits versucht haben, etwas aus eigener Kraft zu verändern.

Vielleicht machen Sie bereits die Erfahrung, dass Lebensbereiche durch Ihr Verhalten eingeschränkt sind, oder Sie bemerken immer wieder, dass Sie Beziehungen und Pflichten nicht mehr gerecht werden können. Unter Umständen haben Sie diese schmerzhafte Rückmeldung auch schon von Menschen in Ihrem Umfeld erhalten.

Ausgeprägtes riskantes Verhalten kann schwere und langfristige Folgen für Ihr Leben haben. Bitte nehmen Sie dieses Ergebnis daher sehr ernst und suchen Sie sich so schnell wie möglich psychotherapeutische oder ärztliche Hilfe.

Hinweise auf mögliche Hilfsangebote finden Sie im Kapitel »Es muss nicht allein gehen – Hilfe finden« am Ende dieses Buches.

Hinweise auf eine Angsterkrankung erkennen

Sich in bestimmten Situationen sorgenvolle Gedanken zu machen, ist ganz normal. Auch Angstreaktionen unseres Körpers sind grundsätzlich gesund und sinnvoll, ohne sie und die daraus erwachsende Vor- und Umsicht würden wir ständig in Gefahr geraten. Sorgen und Angst sind somit eigentlich dafür da, Probleme zu erkennen, uns zu schützen, mit Gefahren umzugehen und gute Lösungen zu finden.

Natürlich lösen auch Lebenskrisen Sorgen und Ängste aus, und es ist nicht selten, dass diese eine Zeit lang übergroß und lähmend wirken, bis sich Wege zeigen, Schritt für Schritt mit der schwierigen Situation umzugehen. Manchmal lassen die Ängste dann allein dadurch wieder nach, dass wir uns regulieren oder aktiv werden.

Wenn wir uns jedoch über einen langen Zeitraum andauernd sorgen und in einem Bedrohungsgefühl stecken bleiben, können sich intensive Ängste entwickeln, die uns anhaltend lähmen und immer mehr einschränken. Dann ist es Zeit, ihnen auf den Grund zu gehen und die richtige professionelle Hilfe zu suchen.

Selbsttest: Hinweise auf eine Angsterkrankung

Dieser Test hilft Ihnen bei einer ersten Einschätzung Ihrer Situation: Erinnern Sie sich an die letzten 14 Tage, und kreuzen Sie an, wie sehr Sie in Bezug auf diesen Zeitraum der getroffenen Aussage zustimmen. Dazu können Sie zwischen vier Möglichkeiten wählen: Die 0 bedeutet, dass Sie der Aussage für die letzten zwei Wochen überhaupt nicht zustimmen, die 1, dass Sie ein wenig zustimmen. Die 2 bedeutet, dass Sie überwiegend zustimmen, und mit der 3 stimmen Sie der Aussage voll und ganz zu. Am Ende des Selbsttests können Sie Ihren ermittelten Punktwert eintragen.

1. Derzeit würde ich mich eher als ängstlich beschreiben.
   stimme überhaupt nicht zu 0 1 2 3 stimme voll und ganz zu

2. Ich bin schreckhaft und fühle mich häufig nervös, angespannt und gereizt.
   stimme überhaupt nicht zu 0 1 2 3 stimme voll und ganz zu

3. Ich bin oft rastlos und kann kaum stillsitzen. Es fällt mir schwer, Entspannung zu finden oder zur Ruhe zu kommen.

stimme überhaupt nicht zu 0 1 2 3 stimme voll und ganz zu

4. In die Zukunft blicke ich gerade mit mulmigen Gefühlen.

stimme überhaupt nicht zu 0 1 2 3 stimme voll und ganz zu

5. Ich traue mir im Moment nicht so viel zu wie sonst.

stimme überhaupt nicht zu 0 1 2 3 stimme voll und ganz zu

6. Wenn ich mir selbst über die Schulter schaue, bemerke ich, wie viele Dinge ich gerade tue, um mich abzusichern oder um irgendetwas zu kontrollieren.

stimme überhaupt nicht zu 0 1 2 3 stimme voll und ganz zu

7. Unbekannte Situationen machen mir gerade Angst oder führen dazu, dass ich drohe, in Panik zu geraten.

stimme überhaupt nicht zu 0 1 2 3 stimme voll und ganz zu

8. Es gibt Situationen, denen ich aus dem Weg gehe, oder Tätigkeiten, die ich nicht mehr mache, weil ich Sorge habe, sie nicht zu schaffen oder schon beim Versuch oder Gedanken daran Angst bekomme.

stimme überhaupt nicht zu 0 1 2 3 stimme voll und ganz zu

9. Mit einem anderen Menschen an meiner Seite fühle ich mich derzeit oft sicherer als allein.

stimme überhaupt nicht zu 0 1 2 3 stimme voll und ganz zu

10. Meine Gedanken kreisen häufig um all die schlimmen Dinge, die mir oder meinen Lieben passieren könnten – oder um andere Sorgenthemen. Wenn das einmal begonnen hat, kann ich es kaum mehr kontrollieren.

stimme überhaupt nicht zu 0 1 2 3 stimme voll und ganz zu

11. Manchmal wird mir aus heiterem Himmel schwindelig oder ich fühle mich zittrig oder benommen.

stimme überhaupt nicht zu 0 1 2 3 stimme voll und ganz zu

12. Manchmal bekomme ich Herzrasen, Panik oder Atemnot.

stimme überhaupt nicht zu 0 1 2 3 stimme voll und ganz zu

Meine momentane Punktzahl: ____/36

Auswertung:
Selbsttest – Hinweise auf eine Angsterkrankung

Wichtiger Hinweis: Die Fragen 11 und 12 beschäftigen sich mit dem Erleben von Panikattacken. Angstattacken ohne erkennbaren äußeren Grund können massiv verunsichernd sein und sollten unbedingt ärztlich abgeklärt werden. Sollten Sie also – ganz unabhängig von Ihren sonstigen Antworten – bei diesen beiden Fragen Punkte eingetragen haben, lassen Sie sich bitte körperlich untersuchen und schildern Sie bei der ärztlichen Abklärung die betreffenden Situationen.

0–12 Punkte

Ihr Punktwert ist im unteren Drittel und deutet darauf hin, dass Sie aktuell nicht übermäßig unter Ängsten leiden. Sollten Sie in der Vergangenheit schon Erfahrung damit gemacht haben, dass Ängstlichkeit oder Angst überhandnehmen und Sie einschränken, zögern Sie nicht, sich schon frühzeitig Unterstützung zu suchen. Insbesondere, wenn Sie sich in einer belastenden Lebenssituation befinden, die noch andauern und weitere Kraft kosten wird.

Sollten Sie sich also Sorgen machen oder unsicher sein, holen Sie sich am besten fachliche Hilfe bei der Einschätzung und Tipps, wie Sie Sorgen und Angst auch weiterhin gut im Griff behalten können.

Hinweise auf mögliche Hilfsangebote finden Sie im Kapitel »Es muss nicht allein gehen – Hilfe finden« am Ende dieses Buches.

13–24 Punkte

Ihr Wert liegt in einem mittleren Bereich. Das kann darauf hinweisen, dass Sie Veränderungen an sich wahrnehmen, die vielleicht schon eine gewisse Einschränkung für Sie bedeuten. Da Angst die Tendenz hat, zu Vermeidungs-, Absicherungs- und Kontrollverhalten zu führen und sich auf immer mehr Themen oder Lebensbereiche auszuweiten, sollten Sie zeitnah beraterischen, psychotherapeutischen oder ärztlichen Rat einholen. So können Sie geeignete Verhaltenshinweise bekommen, wie Sie verhindern, dass Ihre Angst mehr und mehr Raum einnimmt und zu einem ernsten Problem wird.

Hinweise auf mögliche Hilfsangebote finden Sie im Kapitel »Es muss nicht allein gehen – Hilfe finden« am Ende dieses Buches.

25–36 Punkte

Ihr Punktwert liegt im oberen Drittel und deutet darauf hin, dass Sie aktuell erheblich unter Ängsten leiden. Das kann sehr viel Leid erzeugen und zusätzlich zu den momentanen Belastungen enorm viel Kraft kosten.

Unbehandelte Angsterkrankungen neigen dazu, sich immer mehr zu verselbstständigen und nach und nach zu einer immer größeren Einschränkung zu führen. Ein Teufelskreis, dem Sie mit psychotherapeutischer oder ärztlicher Hilfe entkommen können.

Nehmen Sie Ihr Testergebnis bitte ernst, denn eine Angsterkrankung wird sich eher nicht von allein wieder auflösen. Holen Sie sich die notwendige Hilfe an Ihre Seite! Hinweise auf mögliche Hilfsangebote finden Sie im Kapitel »Es muss nicht allein gehen – Hilfe finden« am Ende dieses Buches.

Hinweise auf eine Traumatisierung erkennen

Eine Traumatisierung kann auftreten, wenn Sie eine existenziell bedrohliche Situation erleben oder bezeugen mussten, vor der Sie niemand bewahren konnte und in der Sie auch selbst weder fähig waren zu handeln noch zu fliehen. Aus diesem übergroßen Erleben von Hilflosigkeit, Ausgeliefertsein und Einsamkeit kann eine posttraumatische Belastungsstörung entstehen. Typischerweise wird die auslösende Situation dann nicht in der Vergangenheit gespeichert, sondern bleibt hoch alarmierbar mit der Gegenwart verbunden. Viele Betroffene erleben dadurch, dass völlig harmlose Reize das Erleben der traumatischen Situation wieder aktivieren, wodurch ein andauerndes Bedrohungsgefühl entsteht. Das führt zu Dauerstress mit all seinen körperlichen Folgen und dazu, dass Dinge, die an das traumatische Erleben erinnern, möglichst vermieden werden.

Selbsttest: Hinweise auf eine Traumatisierung

Dieser Test hilft Ihnen bei der Einschätzung Ihrer Situation: Erinnern Sie sich an die letzten 14 Tage, und kreuzen Sie an, wie sehr Sie in Bezug auf diese vergangenen zwei Wochen der getroffenen Aussage zustimmen. Dazu können Sie zwischen vier Möglichkeiten wählen: Die 0 bedeutet, dass Sie der Aussage für die letzten zwei Wochen überhaupt nicht zustimmen, die 1, dass Sie ein wenig zustimmen. Die 2 bedeutet, dass Sie überwiegend zustimmen, und mit der 3 stimmen Sie der Aussage voll und ganz zu. Am Ende des Selbsttests können Sie Ihren ermittelten Punktwert eintragen.

1. Belastende Erinnerungen an schwierige Erlebnisse drängen sich mir auf, während ich wach bin oder in meinen Träumen.
   stimme überhaupt nicht zu 0 1 2 3 stimme voll und ganz zu

2. Ich vermeide Tätigkeiten, Orte, Menschen oder Gespräche, die mich an belastende Ereignisse erinnern.
   stimme überhaupt nicht zu 0 1 2 3 stimme voll und ganz zu

3. Ich habe Gefühle, Körperempfindungen oder Handlungsimpulse, die nicht zu der Situation passen, in der ich mich in dem Moment befinde.
   stimme überhaupt nicht zu 0 1 2 3 stimme voll und ganz zu

4. Ich bin ständig angespannt und auf der Hut vor etwas Schlimmem, das geschehen könnte, das heißt: Ich tue oder lasse bestimmte Dinge, um zu verhindern, dass etwas Schlimmes passiert.
   stimme überhaupt nicht zu 0 1 2 3 stimme voll und ganz zu

5. Manchmal stehe ich neben mir und fühle mich wie im Nebel oder wie in Watte gepackt. Dieses Gefühl ist so stark, dass es mir schwerfällt, wieder in den Moment zurückzukommen.
stimme überhaupt nicht zu 0 1 2 3 stimme voll und ganz zu

6. Ich bin derzeit oft gereizt, schreckhaft oder kann mich nur schwer konzentrieren.
stimme überhaupt nicht zu 0 1 2 3 stimme voll und ganz zu

7. Mein Vertrauen in mich selbst ist erschüttert.
stimme überhaupt nicht zu 0 1 2 3 stimme voll und ganz zu

8. Mein Vertrauen in die Welt ist erschüttert.
stimme überhaupt nicht zu 0 1 2 3 stimme voll und ganz zu

9. Ich muss Kraft aufwenden, um schlimme Erinnerungen aus meinem Bewusstsein zu drängen.
stimme überhaupt nicht zu 0 1 2 3 stimme voll und ganz zu

10. Manchmal habe ich das Gefühl, den Verstand zu verlieren, meine Gedanken und Gefühle nicht mehr steuern zu können.
stimme überhaupt nicht zu 0 1 2 3 stimme voll und ganz zu

11. Manchmal habe ich das Gefühl, ein schlechter Mensch zu sein oder Schuld daran zu haben, wenn etwas Schlimmes passiert.
stimme überhaupt nicht zu 0 1 2 3 stimme voll und ganz zu

12. Meine Angespanntheit hat bereits zu körperlichen Beschwerden wie Verdauungsproblemen, Kopf- oder Muskelschmerzen geführt.

stimme überhaupt nicht zu 0 1 2 3 stimme voll und ganz zu

Meine momentane Punktzahl: ____/36

Auswertung:
Selbsttest – Hinweise auf eine Traumatisierung

0–12 Punkte

Ihr Punktwert ist im unteren Drittel und deutet darauf hin, dass Sie vielleicht einzelne der beschriebenen Bereiche bei sich wahrnehmen, jedoch keine posttraumatische Belastungsstörung haben. Dennoch kann es sein, dass Sie sehr unter etwas leiden, das Sie erlebt haben.

Wenn Sie nach diesem Test das Gefühl haben, ein Lebensereignis noch nicht ausreichend gut bewältigen zu können oder gerade sehr viel Kraft dafür aufwenden müssen, Ihre Vergangenheit und die aktuelle Situation zu (er)tragen, überlegen Sie einmal, ob nicht fachliche Unterstützung hilfreich sein könnte.

Hinweise auf mögliche Hilfsangebote finden Sie im Kapitel »Es muss nicht allein gehen – Hilfe finden« am Ende dieses Buches.

13–24 Punkte

Ihr Punktwert befindet sich im Mittelbereich. Das heißt, dass Sie einige Symptome an sich wahrnehmen, die darauf hinweisen können, dass Ihre Psyche Hilfe bei der Verarbeitung von etwas braucht. Bitte schenken Sie diesem Ergebnis deshalb genügend Aufmerksamkeit. Selbst wenn Sie vielleicht nicht alle Anzeichen einer posttraumatischen Belastungsstörung haben, eine genauere Untersuchung und Unterstützung Ihrer Bewältigungsmöglichkeiten ist in jedem Fall angeraten. Nehmen Sie bitte beraterische, psychotherapeutische oder ärztliche Hilfe in Anspruch.

Hinweise auf mögliche Hilfsangebote finden Sie im Kapitel »Es muss nicht allein gehen – Hilfe finden« am Ende dieses Buches.

25–36 Punkte

Ihr Punktwert liegt im oberen Drittel und deutet darauf hin, dass Sie viele oder die meisten Symptome einer posttraumatischen Belastungsstörung an sich wahrnehmen. Das kann viel Leid erzeugen und zu einer nachhaltigen Beeinträchtigung Ihrer Lebensqualität führen. Vielleicht machen Sie bereits die Erfahrung, dass Traumainhalte, die sich immer wieder aufdrängen, der anhaltende Daueralarm, Ihre Bemühungen, bestimmte Situationen zu vermeiden und die Erschütterung durch das Erlebte mehr Kraft kosten, als Sie haben.

Traumatisierungen sind gut behandelbar, bilden sich aber von selbst und ohne fachliche Unterstützung kaum zurück. Bitte nehmen Sie daher zeitnah psychotherapeutische oder ärztliche Hilfe in Anspruch, damit Sie alle notwendige Unterstützung erhalten.

Hinweise auf mögliche Hilfsangebote finden Sie im Kapitel »Es muss nicht allein gehen – Hilfe finden« am Ende dieses Buches.

Hinweise auf eine anhaltende Trauerstörung erkennen

Wenn wir einen Verlust durch Tod erleben, kann das unser ganzes Leben verändern. Die Trauer, die wir verspüren, ist ein gesunder und wichtiger Teil unserer Natur. Unsere Trauer ist individuell und durch unsere Vorgeschichte, die Art des Verlustes und die Beziehung, die wir zu der verstorbenen Person hatten, geformt. Sie ist sehr persönlich und für keine zwei Menschen auf der Welt exakt gleich.

Wir alle müssen herausfinden, was wir für unsere Trauer brauchen, wie viel Raum und Zeit sie benötigt und welchen Ausdruck wir ihr geben. Niemand sollte durch irgendwelche Regeln oder Vorgaben eingeschränkt oder verunsichert werden. Vielmehr gibt es unzählige unterschiedliche Ansätze, mit einem schmerzhaften Verlust umzugehen, zahllose verschiedene Wege, den Verlust und den Schmerz zu integrieren und mit auf den weiteren Lebensweg zu nehmen.

Dabei sind Wellenbewegungen in der Intensität der Trauer eher die Regel. Das heißt, es ist völlig normal, einmal weniger und dann wieder sehr viel mehr Schmerz durch den Verlust zu erleben; einmal das Gefühl zu haben, ganz gut auf den Füßen zu sein, nur um den Tag darauf wieder ins Bodenlose zu stürzen. Für die meisten Menschen verändern sich diese Wellen mit der Zeit, und es gelingt nach und nach, mit der Wirklichkeit des Verlustes weiterzuleben.

In Ausnahmefällen jedoch kommt diese Bewegung ins Stocken, frieren der Schmerz und die Verzweiflung ein. Das kann es schier unmöglich machen, unsere Trauer als Ausdruck einer bedeutsamen Verbindung zwischen zwei Menschen aktiv in unser weiteres Leben zu integrieren.

Selbsttest: Hinweise auf eine anhaltende Trauerstörung

Dieser Test hilft Ihnen bei einer ersten Einschätzung Ihrer Situation: Erinnern Sie sich an die letzten 14 Tage, und kreuzen Sie an, wie sehr Sie in Bezug auf diesen Zeitraum der getroffenen Aussage zustimmen. Dazu können Sie zwischen vier Möglichkeiten wählen: Die 0 bedeutet, dass Sie der Aussage für die letzten zwei Wochen überhaupt nicht zustimmen, die 1, dass Sie ein wenig zustimmen. Die 2 bedeutet, dass Sie überwiegend zustimmen, und mit der 3 stimmen Sie der Aussage voll und ganz zu.

1. Ich kann einen Verlust, den ich erlebt habe, nicht begreifen oder akzeptieren.
   stimme überhaupt nicht zu 0 1 2 3 stimme voll und ganz zu

2. Jeden Tag quält mich eine so brennende Sehnsucht, und meine Gedanken und Gefühle kreisen so intensiv um die verstorbene Person, dass mein Alltag, meine Aktivitäten oder meine Beziehungen darunter leiden.
   stimme überhaupt nicht zu 0 1 2 3 stimme voll und ganz zu

3. Ich empfinde anhaltende Fassungslosigkeit oder Taubheit meiner Gefühle.
   stimme überhaupt nicht zu 0 1 2 3 stimme voll und ganz zu

4. Das Bild, das ich von mir selbst und der Welt habe, ist seit dem Verlust stark verändert.
   stimme überhaupt nicht zu 0 1 2 3 stimme voll und ganz zu

5. Ich fühle mich einsam, traurig und von allem entfremdet.

stimme überhaupt nicht zu 0 1 2 3 stimme voll und ganz zu

6. Ich habe das Gefühl, nicht einen anderen Menschen, sondern einen Teil von mir selbst verloren zu haben.

stimme überhaupt nicht zu 0 1 2 3 stimme voll und ganz zu

7. Ich gebe mir oder anderen die Schuld an meinem Verlust.

stimme überhaupt nicht zu 0 1 2 3 stimme voll und ganz zu

8. Schöne Erinnerungen sind kaum möglich. Sie führen sofort zu traurigen Gedanken und Erinnerungen, die mit dem Verlust zu tun haben.

stimme überhaupt nicht zu 0 1 2 3 stimme voll und ganz zu

9. Andere wichtige Menschen, aber auch Tätigkeiten oder Themen, sogar das Leben an sich haben für mich an Bedeutung verloren.

stimme überhaupt nicht zu 0 1 2 3 stimme voll und ganz zu

10. Ich empfinde Gefühle von Verbitterung und Wut, die mit dem Verlust zu tun haben.

stimme überhaupt nicht zu 0 1 2 3 stimme voll und ganz zu

11. Ich vermeide Anlässe, Tätigkeiten, Orte oder Gespräche, die mich an den Verlust oder an die verstorbene Person denken lassen.

stimme überhaupt nicht zu 0 1 2 3 stimme voll und ganz zu

12. Ich habe seit dem Verlust Probleme damit, anderen Menschen zu vertrauen.

stimme überhaupt nicht zu 0 1 2 3 stimme voll und ganz zu

Meine momentane Punktzahl: ____ /36

Auswertung:
Selbsttest – Hinweise auf eine anhaltende Trauerstörung

0–12 Punkte

Ihr Punktwert ist im unteren Drittel. Da Sie den Test gemacht haben, gibt es in Ihrer Vergangenheit wahrscheinlich einen Verlust, den Sie verkraften müssen.

Bei allem, was Sie gerade auf Ihrem Trauerweg erleben, zeigen sich keine oder kaum Hinweise darauf, dass Ihre Trauer droht, besorgniserregend ins Stocken zu geraten. Dennoch kann es natürlich sein, dass Sie tiefen Schmerz empfinden, immer wieder mit Verzweiflung kämpfen, aber auch, dass Sie Ihren Verlust schon zum Teil in Ihr Leben integriert haben.

Wenn Sie nach diesem Test das Gefühl haben, sehr schwer unter einem Verlust zu leiden, überlegen Sie, ob nicht fachliche Unterstützung hilfreich sein könnte. Es gibt viele Angebote für trauernde Menschen, die Sie ausprobieren können.

Hinweise auf mögliche Hilfsangebote finden Sie im Kapitel »Es muss nicht allein gehen – Hilfe finden« am Ende dieses Buches.

13–24 Punkte

Ihr Punktwert befindet sich im Mittelbereich. Sie nehmen einige Dinge an sich wahr, die Warnsignale dafür sein können, dass Ihre Trauer droht, ins Stocken zu geraten. Die schmerzhaften Gefühle nach einem Verlust auszuhalten, ist eine schwere Aufgabe, auch ohne dass diese einfrieren und Sie bewegungsunfähig machen. Helfen Sie Ihrer Psyche, wieder in Bewegung zu kommen. So können Sie Ihrer Trauer aktiv den Platz in Ihrem Leben einräumen, den sie verdient und braucht, ohne dass Sie Ihrem Schmerz und der Verzweiflung ausgeliefert sind. Schauen Sie sich um, und nehmen Sie beraterische oder psychotherapeutische Hilfe in Anspruch, die auf das Thema Anhaltende Trauer spezialisiert ist.

Hinweise auf mögliche Hilfsangebote finden Sie im Kapitel »Es muss nicht allein gehen – Hilfe finden« am Ende dieses Buches.

25–36 Punkte

Ihr Punktwert liegt im oberen Drittel und deutet darauf hin, dass Sie viele oder sehr viele Hinweise auf eine anhaltende Trauerstörung an sich wahrnehmen. Insbesondere wenn Ihr Verlust eine längere Zeit zurückliegt und Sie die beschriebenen Veränderungen schon eine Weile an sich wahrnehmen, vielleicht sogar bemerken, dass sich diese verfestigen und nicht mehr verändern, ist es an der Zeit, fachlichen Rat einzuholen.

Eine anhaltende Trauerstörung kann nachhaltige und tiefgreifende Folgen haben und Ihnen das Gefühl geben, dass Ihnen sowohl Ihr Leben als auch Ihre Trauer über den Kopf gewachsen sind.

Bitte nehmen Sie zeitnah spezialisierte ärztliche, beraterische oder psychotherapeutische Hilfe in Anspruch. Fragen Sie offen nach, ob die Praxis oder Beratungsstelle Erfahrungen mit dem Thema Trauer hat und holen Sie sich Unterstützung für Ihren weiteren Trauerweg.

Hinweise auf mögliche Hilfsangebote finden Sie im Kapitel »Es muss nicht allein gehen – Hilfe finden« am Ende dieses Buches.

Hinweise auf eine Schuld- und Schamproblematik erkennen

Schwierige und folgenreiche Lebensereignisse wie Unglücksfälle, Schicksalsschläge oder Verluste bringen uns Menschen häufig in Kontakt mit Gefühlen von Schuld und Scham. Wahrscheinlich haben auch Sie sich schon einmal die Frage gestellt, warum gerade Sie von einem bestimmten Ereignis getroffen wurden oder womit Sie etwas, das geschehen ist, verdient haben. Dabei umfasst das Thema Schuld neben der rechtlichen in der Regel auch eine moralische Ebene, auf der wir das, was wir erleben, mit unseren Werten, unseren Vorstellungen von Verantwortung und auch den Grenzen unserer Einflussmöglichkeiten abgleichen. Eng verbunden mit dem Thema Schuld tritt für viele Menschen das Thema Scham auf, das neben seiner positiven Kraft als Anpassungs- und Veränderungsmotor besonders in krisenhaften Entwicklungen dazu beitragen kann, dass wir uns makelhaft, wertlos oder schlechter als andere fühlen. Anhaltende Gefühle von Schuld und Scham können das Leben sehr schwer machen und spielen zudem eine große Rolle in der Entwicklung vieler psychischer Erkrankungen.

Selbsttest: Hinweise auf eine Schuld- und Schamproblematik

Dieser Test hilft Ihnen bei einer ersten Einschätzung Ihrer Situation: Erinnern Sie sich an die letzten 14 Tage, und kreuzen Sie an, wie sehr Sie in Bezug auf diesen Zeitraum der getroffenen Aussage zustimmen. Dazu können Sie zwischen vier Möglichkeiten wählen: Die 0 bedeutet, dass Sie der Aussage für die letzten zwei

Wochen überhaupt nicht zustimmen, die 1, dass Sie ein wenig zustimmen. Die 2 bedeutet, dass Sie überwiegend zustimmen, und mit der 3 stimmen Sie der Aussage voll und ganz zu. Am Ende des Selbsttests können Sie Ihren ermittelten Punktwert eintragen.

1. Mein Kopf beschäftigt sich viel mit der Suche nach Fehlern oder der Frage, wer die Schuld an welchen Dingen trägt.
   stimme überhaupt nicht zu 0 1 2 3 stimme voll und ganz zu

2. Manchmal gerät mein Kopf dabei auf Bahnen, die nüchtern betrachtet unlogisch oder sogar unsinnig erscheinen. Trotzdem beschäftigen mich diese Ideen.
   stimme überhaupt nicht zu 0 1 2 3 stimme voll und ganz zu

3. Manchmal denke ich, dass meine derzeitige Situation eine Bestrafung für irgendetwas ist oder schäme mich für meine Situation.
   stimme überhaupt nicht zu 0 1 2 3 stimme voll und ganz zu

4. Manchmal denke ich, dass jemand anderes an meiner Stelle sicher alles besser als ich gemacht hätte und ich meine Situation deshalb verdiene.
   stimme überhaupt nicht zu 0 1 2 3 stimme voll und ganz zu

5. Andere Menschen würden mich ablehnen oder entsetzt sein, wenn sie wüssten, wie viel Schuld ich trage. Deshalb halte ich meine Schuldgefühle oder -gedanken eher geheim, ich kann sie mit niemandem teilen.
   stimme überhaupt nicht zu 0 1 2 3 stimme voll und ganz zu

6. Was ich getan habe, hat in entscheidendem Maße zu einer schlimmen Situation beigetragen.

stimme überhaupt nicht zu 0 1 2 3 stimme voll und ganz zu

7. Was ich unterlassen habe, hat in entscheidendem Maße zu einer schlimmen Situation beigetragen.

stimme überhaupt nicht zu 0 1 2 3 stimme voll und ganz zu

8. Ich habe manchmal das Gefühl, dass ich irgendwie hätte wissen müssen, was passiert.

stimme überhaupt nicht zu 0 1 2 3 stimme voll und ganz zu

9. Es fällt mir schwer, den Kontakt zu Menschen zu ertragen, die von dem Ereignis und meiner Rolle dabei wissen.

stimme überhaupt nicht zu 0 1 2 3 stimme voll und ganz zu

10. Meine Schuldzuweisungen und Vorwürfe anderen gegenüber belasten oder zerstören wichtige Beziehungen.

stimme überhaupt nicht zu 0 1 2 3 stimme voll und ganz zu

11. Andere Menschen klagen mich an und machen mich als die Person aus, die schuld an der Situation ist.

stimme überhaupt nicht zu 0 1 2 3 stimme voll und ganz zu

12. Wenn mich andere auf das Thema Schuld oder Verantwortung ansprechen, möchte ich am liebsten weglaufen oder könnte an die Decke gehen. Davon will ich nichts hören!

stimme überhaupt nicht zu 0 1 2 3 stimme voll und ganz zu

Meine momentane Punktzahl: _____/36

Auswertung:
Selbsttest – Hinweise auf eine Schuld- und Schamproblematik

Wichtiger Hinweis: Haben Sie bei Frage 12 viele Punkte vergeben? Ganz unabhängig von Ihren sonstigen Antworten kann das darauf hinweisen, dass Ihre Psyche durch die Themen Schuld und Scham so angestrengt ist, dass sie sich keinen anderen Rat weiß, als wegzuschauen – bitte überlegen Sie auch in diesem Fall, wer Sie unterstützen kann.

0–12 Punkte

Ihr Punktwert ist im unteren Drittel, was darauf hinweist, dass die Themen Schuld und Scham Sie momentan in keinem besorgniserregenden Ausmaß beschäftigen.

Dennoch kann es sein, dass Sie diese Themen mehr Kraft kosten, als Sie möchten. In diesem Fall kann es sich lohnen, fachliche Beratung in Anspruch zu nehmen, um etwas mehr zur Ruhe zu kommen.

Hinweise auf mögliche Hilfsangebote finden Sie im Kapitel »Es muss nicht allein gehen – Hilfe finden« am Ende dieses Buches.

13–24 Punkte

Ihr Punktwert befindet sich im Mittelbereich, was bedeutet, dass Sie eine vermehrte und schwierige Auseinandersetzung mit den Themen Schuld und Scham an sich wahrnehmen. Schuld- und Schamgefühle können sehr langlebig sein und eine große Bürde werden. Dabei kann es sehr gut sein, dass Sie das Gefühl haben, über diese Dinge mit niemandem reden zu können. Das liegt in der Natur der Themen begründet. Damit laufen Sie unter Umständen mehr und mehr Gefahr, sich zu isolieren und mit den schwierigen Fragen und Gefühlen, die Sie beschäftigen, allein zu bleiben.

In diesem Fall kann professionelle Hilfe sehr wertvoll sein. Sie finden Austausch mit und Unterstützung durch erfahrene Fachkräfte und können das Thema zunächst aus Ihren persönlichen Beziehungen und Kontakten herauslösen, um es zu bearbeiten. Das kann zu Beginn leichter sein, als sich seinen vertrauten Menschen gegenüber so verletzlich zu zeigen.

Nehmen Sie das Ergebnis dieses Tests unbedingt ernst und behalten Sie das Thema im Auge. Insbesondere wenn sich Bereiche negativ verändern, sollten Sie nicht länger warten, da Schuld und Scham sowohl bei der Entstehung als auch der Aufrechterhaltung vieler psychischer Erkrankungen eine Rolle spielen.

Helfen Sie Ihrer Psyche bei der Auseinandersetzung mit dem, was geschehen ist, und nehmen Sie beraterische oder psychotherapeutische Unterstützung in Anspruch.

Hinweise auf mögliche Hilfsangebote finden Sie im Kapitel »Es muss nicht allein gehen – Hilfe finden« am Ende dieses Buches.

25–36 Punkte

Ihr Punktwert liegt im oberen Drittel und deutet darauf hin, dass Sie schwer oder sehr schwer an den Themen Schuld und Scham tragen.

Das kostet enorm viel Kraft und birgt die große Gefahr, sich ganz allein mit tiefgreifend schmerzhaften Gefühlen und Gedanken auseinanderzusetzen, die eine immer größere Bedeutung bekommen. Scham- und Schuldgefühle, die schon einige Zeit hatten, wild zu wachsen, vergehen in der Regel nicht einfach wieder von allein und tragen das Risiko in sich, einem Menschen ein immer negativeres Selbstbild zu vermitteln. Das kann zu einer Last werden, die Sie nicht allein tragen sollten, insbesondere da Schuld und Scham sowohl bei der Entstehung als auch der Aufrechterhaltung vieler psychischer Erkrankungen eine Rolle spielen.

Bitte nehmen Sie zeitnah psychotherapeutische Hilfe in Anspruch und holen Sie sich Unterstützung, auch wenn – oder gerade wenn – die Vorstellung, sich offen mit diesen Themen auseinanderzusetzen, sehr schwer erscheinen mag.

Hinweise auf mögliche Hilfsangebote finden Sie im Kapitel »Es muss nicht allein gehen – Hilfe finden« am Ende dieses Buches.

Wenn es außen kippt – Konflikte verstehen und bewältigen

Die Tatsache, dass Lebenskrisen Konflikte im Gepäck haben, liegt in verschiedenen Faktoren begründet, die sich gegenseitig bedingen und verstärken.

Zum einen bedeutet schon die Tatsache an sich, dass wir in einer Krise stecken, dass das Leben momentan ganz anders aussieht als wir es uns wünschen. Wichtige Dinge sind nicht so, wie wir sie eigentlich brauchen, um uns wohlzufühlen. Das führt vermehrt zu schmerzhaften Gefühlen von Frustration, Wut, Angst, Einsamkeit, Hoffnungslosigkeit oder Kränkung.

Zum anderen kommt erschwerend hinzu, dass durch die anhaltende Anspannung die Haut immer dünner wird. Das kann dazu führen, dass die vorherrschenden schmerzhaften Gefühle heftiger und unmittelbarer erlebt werden und somit schon kleinere Gründe dazu führen, dass jemand aus der Haut fährt.

Ein dritter Aspekt, der zusätzliche Spannung erzeugt, betrifft insbesondere Eltern. Sie müssen Krisensituationen nicht nur selbst aushalten, sondern diese auch verantwortungsvoll gegenüber ihren Kindern vertreten. Das bringt sie in Situationen, in denen sie ihren Kindern ruhig und sachlich vermitteln müssen, was gerade alles nicht möglich ist oder ausgehalten werden muss, obwohl sie selbst darunter leiden, sie sich selbst daran stoßen oder sie sich genau wegen dieser Dinge selbst verzweifelt fühlen.

Als letzter Faktor kommt hinzu, dass in Krisenzeiten unsere Wahrnehmung anders funktioniert als sonst. Sie ist verständlicherweise eher auf alles ausgerichtet, was mit der Krise zu tun hat. Wir konzentrieren unser Denken und Handeln stark auf das, was die Krise uns abverlangt. Wir sehen dabei eher die Missstände, das, was nicht funktioniert, alles, was nicht so ist, wie es sein sollte. Diese Verschiebung birgt die Gefahr, in schwierigen Zeiten bei uns und anderen Gutes und Funktionierendes viel weniger stark wahrzunehmen, selbst wenn es vorhanden ist. Ein weiterer Grund dafür, dass schneller Streit entsteht. Zusammengefasst:

Krisen bringen immer schmerzhafte Gefühle und schmerzhafte Gefühle immer mehr Konfliktpotenzial mit sich.

Das betrifft viele Familien in außergewöhnlich belastenden Zeiten, auch solche, die normalerweise recht gut mit Konflikten umgehen können. Besonders hart aber trifft es Familien, die schon vor der Krise viel miteinander ringen mussten, oder diejenigen, deren Umfeld zusätzliche Herausforderungen mit sich bringt. Dies geschieht entweder dadurch, dass Menschen von außen ungefragt mitreden, dass abfällige oder besserwisserische Meinungen vertreten werden oder eine große Abhängigkeit besteht, die eine echte und klare Kommunikation unmöglich macht.

Umgang mit Streit und Eskalation

In diesem Kapitel geht es darum, wie Sie als Familie trotz eines erhöhten Konfliktpotenzials allein dadurch, dass Sie einander wertschätzen, in Kontakt bleiben und miteinander Schritt für Schritt dazulernen, schwierige Zeiten leichter und gemeinsam überstehen zu können.

Vorab eine grundsätzliche Bemerkung: Familien haben sehr unterschiedliche Arten, wie offen, energiereich und temperamentvoll sie sich miteinander auseinandersetzen. Da gibt es kein Falsch und kein Richtig. Weder die Frequenz noch die Lautstärke von reibungsvollen Gesprächen sagt etwas darüber aus, wie liebevoll und verbunden alle miteinander sind.

Hinzu kommt, dass die Fähigkeit, sich aneinander zu reiben, Unterschiede zu spüren, zu Kompromissen zu finden oder auch mit verschiedenen Meinungen umzugehen, durchaus wichtig und Teil von Entwicklung und gesunder Beziehungsgestaltung ist. Das heißt, es darf ruhig auch mal »scheppern«. In Krisenzeiten ist dabei lediglich im Hinterkopf zu behalten, dass die Schwelle hin zu einem echten Konflikt niedriger und auch die Kraft bei allen Beteiligten wahrscheinlich geringer ist als sonst. Deshalb sollte das grundlegende Prinzip gerade in schwierigen und anstrengenden Zeiten sein, dass auch die Person, die in dem Moment am wenigsten Kraft hat oder am verletzlichsten ist, mithalten kann und nicht auf der Strecke bleibt.

Wenn Sie in einer Auseinandersetzung mit Ihrem Kind merken, dass diese über Ihre Kräfte geht, kann das zum Beispiel heißen, um eine Pause oder »Vertagung« zu bitten. Sagen Sie, dass Sie gerade nicht können, auch wenn Sie merken, wie wichtig Ihrem Kind das Thema ist. Formulieren Sie zum Beispiel: »Ich merke, wie wichtig dir das gerade ist. Mein Kopf kann gerade mit deinem Tempo und deiner Energie nicht mithalten, ich schaffe das jetzt nicht. Können wir später darüber reden?« Üben Sie diesen offenen und respektvollen Umgang miteinander und tappen Sie bitte nicht in die Falle, eine verständnisvolle und sanfte Reaktion Ihres Kindes zu erwarten. Solange der Wunsch nach Rücksicht und späterer Auseinandersetzung respektiert wird, dürfen Sie dies als gemeinsamen Erfolg verbuchen.

Tipp 1: Nicht zu viel, aber auch nicht nebenbei streiten

In Zeiten, in denen die Kräfte begrenzt und die Last ohnehin schon zu groß ist, gilt zunächst einmal: Erkennen Sie, was nicht so wichtig ist.

Lassen Sie unwichtige Unstimmigkeiten keine unnötige Kraft kosten oder echte Konflikte auslösen, das können alle gerade nicht gebrauchen. Ihre Aufgabe ist es – wohl zu jeder Zeit, in Krisenzeiten aber ganz besonders –, Kleinkram und Ausrutscher als solche zu erkennen und wach zu prüfen, wie viel Aufregung und zusätzlichen Stress diese wirklich wert sind. Sie haben die Wahl, welche Themen Sie gerade klären (müssen) und welche Sie als Zeichen von Anspannung und Überforderung loslassen (können). Das ist keineswegs eine Aufforderung, alle Regeln in den Wind zu schreiben – Kinder brauchen Orientierung und ein verlässliches Gegenüber. Es muss aber nicht um jedes Thema ein handfester Kampf entbrennen. Wenn es um eine Kleinigkeit geht, ist es kräfteschonender und ausreichend konsequent, zum Beispiel zu sagen: »Das ist eigentlich nicht okay.« Oder: »Das war anders ausgemacht, aber wir lassen es einfach mal gut sein.« Sie markieren immer noch, dass es Absprachen gibt und dass Sie bemerken, wenn diese nicht eingehalten werden, investieren aber nicht zu viel kostbare Kraft in etwas, das die Aufregung nicht lohnt.

Es kann sein, dass Sie sich im Recht fühlen und selbst verärgert und aufgebracht sind. Machen Sie sich klar, dass es nicht ums Gewinnen geht. Niemand von Ihnen hat gerade Kraft übrig, da ist es sinnvoller, kleine »Streithähnchen« schnell vom »Haken« zu lassen und die Situation erst einmal zu entschärfen. Behalten Sie außerdem im Hinterkopf, dass Lebenskrisen für Kleine und Große mit starken Gefühlen von Hilflosigkeit verbunden sind. Es kann passieren, dass sich jetzt alles unbewusst darauf ausrichtet, nicht noch mehr von diesen Gefühlen aushalten zu müssen, was dazu führt, dass verbissener gekämpft und sturer beharrt wird. Stellen Sie also über alles andere das Ziel, dass Sie mit möglichst wenig unnötigen Verletzungen und Reibungsverlusten gemeinsam durch eine schwere Zeit kommen.

Neben diesem ersten Schritt – zu prüfen, was eigentlich nicht so wichtig ist – gibt es einen zweiten, von ebenso großer Bedeutung: Erkennen Sie, was wirklich wichtig ist.

Kraftlosigkeit kann dazu führen, dass wir Themen ausweichen und sie am liebsten gar nicht angehen wollen. Das kann auch die Themen betreffen, die der einen oder anderen beteiligten Person ein echtes Anliegen sind und Zuwendung brauchen. Bleiben Sie also, auch wenn Sie erschöpft sind, wach für die Anliegen und Themen Ihres Kindes. Geben Sie ihnen genug Raum und signalisieren Sie, dass Sie da sind und sich interessieren. Dazu gehört, dass Sie immer wieder voller Aufmerksamkeit zuhören, wenn Ihr Kind Ihnen etwas erzählt, das es beschäftigt oder verärgert. Nehmen Sie die Themen ernst, auch wenn Sie selbst kein großes Problem erkennen. Sagen Sie, dass Sie verstanden haben, wie bedeutsam das Erzählte für Ihr Kind ist. Die Konsequenz daraus muss nicht sein, dass Sie nachgeben und gegebenenfalls einen Wunsch oder den Willen des Kindes erfüllen. Wir können andere durchaus verstehen und in Kontakt bleiben, ohne dass sich unsere Haltung oder ein Entschluss ändert.

Lassen Sie Ihr Kind immer wieder Entscheidungen treffen oder mit beeinflussen, selbst wenn es Ihnen vielleicht gerade so erscheint, als koste dies unnötig viel Kraft. Kinder, die erleben, dass sie eine Stimme haben, sind kompromissfähiger, entspannter, nachsichtiger und müssen weniger kämpfen.

Achten Sie dabei aber unbedingt darauf, dass der Einbezug Ihres Kindes behutsam und verantwortungsvoll geschieht. Das ist in Krisenzeiten besonders wichtig, da ängstigende Themen Kinder überfordern und überwältigen können. Entscheiden Sie also, welche Themen auf welche Art und Weise von welchen Ohren gehört werden sollten und von welchen auch nicht. Wer spricht mit wem über was mit welchem Ziel, und wer ist bei welchem Thema auch nicht involviert, zum Beispiel, weil es Erwachsenenthemen sind? Wie wird über diese gesprochen?

Dieses gezielte Einbeziehen und Raumgeben schützt Kinder und bannt gleichzeitig die Gefahr, dass Kinder in Krisenzeiten leichter das Gefühl haben, unsichtbar zu werden neben der schieren Menge an schwierigen Themen, die sich immer wieder in den Vordergrund drängen. Das ist von größter Wichtigkeit, denn »unsichtbare Kinder« sind nicht nur unglücklich, sie streiten unter Umständen auch viel heftiger, weil sie irgendwie wieder sichtbar werden müssen. Sie werden sozusagen selbst zum Problem, um mit den anderen Problemen konkurrieren zu können. Eine für alle Beteiligten leidvolle Entwicklung, die es unbedingt zu vermeiden gilt.

Als Letztes gehört zu diesem Tipp noch: Erkennen Sie sich selbst.

Um auch in Konfliktsituationen weiterhin ein Team mit Ihrem Kind bleiben zu können, anstatt von oben herab zu handeln und dadurch eine emotionale Trennung zu riskieren, ist es wichtig, dass Sie sich selbst ehrlich unter die Lupe nehmen: Was sind die

Dinge, die Sie immer wieder aufregen, wütend machen oder ins Kämpfen geraten lassen?

Die Gründe, warum das eine für größte Spannung sorgt, während das andere Sie gar nicht aus der Ruhe bringt, sind meist in einer Mischung aus Lerngeschichte und momentaner Situation zu finden. Dabei sind häufig gar nicht die Situationen selbst, an denen sich immer wieder ein Konflikt entfacht, so besonders kritisch, sondern die Gefühle, die sie in uns auslösen. Ein Beispiel: Es ist womöglich nicht die Tatsache, dass morgens gebummelt wird, die uns aus der Fassung bringt, sondern das Gefühl, nicht ernst genommen zu werden oder die Kontrolle über den Zeitplan zu verlieren.

Diese Unterscheidung ist von großer Bedeutung, denn sie verlagert die Verantwortung weg von den äußeren Umständen hin zu uns selbst und unserem Umgang mit unangenehmen Gefühlen. Das ist so bedeutend, weil diese Klarheit dabei hilft, fair zu bleiben und Kinder nicht in einem falschen Licht zu sehen. Weil sie versuchen, ihren Kopf durchzusetzen, wieder und wieder das gleiche unerwünschte Verhalten zeigen und stur an ihren Bedürfnissen festhalten, werden viel zu viele Kinder für egoistisch oder sogar manipulativ gehalten. Das passiert umso stärker, je weniger aufgeräumt wir selbst mit uns und der Verantwortung für unsere Gefühle sind. Bitte machen Sie sich zu jeder Zeit klar, dass Kinder zutiefst soziale Wesen und auf uns Große angewiesen sind. Nichts von dem, was sie an Verhalten zeigen, ist »gegen Sie« gerichtet. Kinder folgen lediglich ihren Bedürfnissen. Sie müssen noch üben, ihre Gefühle zu regulieren und brauchen Ihre Unterstützung dabei. Das gilt ganz besonders in Zeiten, in denen viel zu viele schwierige Gefühle in der Luft liegen.

Üben Sie also, Ihre Gefühle zu betrachten, sie einzuordnen und damit Klarheit in Bezug auf sich selbst und Ihre Verantwortung zu gewinnen. Gehen Sie weiterhin mit gutem Beispiel voran, und zeigen Sie, wie es geht. Bewahren Sie einen liebevollen Blick für Ihr Kind und seine Motivation, die zu keiner Zeit gegen Sie gerichtet ist. Ihr Kind hat lediglich einen wesentlich kleineren Spielraum, wie gut es in einer konfliktreichen Situation noch steuern kann. Der Streit wird vorbeigehen. Bleiben Sie ein Team!

Tipp 2: **Aufgeschoben oder aufgehoben?**

Wie aber damit umgehen, wenn es schon zu einer Eskalation gekommen ist, die über Ihre normale Streitkultur hinausgeht? Eine gut erprobte Systematik – vor allem für etwas ältere Kinder und Jugendliche –, die Sie natürlich vorbereitend besprechen und vereinbaren sollten, ist die folgende:

1. Unterbrechen Sie die Auseinandersetzung, sobald Sie merken, dass es verletzend wird. Das gilt sowohl, wenn Ihr Gegenüber, aber auch, wenn Sie selbst anfangen, sich im Ton zu vergreifen und »scharf zu schießen«. Sagen Sie zum Beispiel: »Wir werden gerade unfair und verletzend miteinander, so lösen wir das Thema nicht. Wir machen jetzt eine Pause und sprechen später weiter.« Es ist wichtig, dass der Grund für die Unterbrechung die Vermeidung von Schaden ist und keinesfalls eine Machtdemonstration, bei der Sie sich Respekt verschaffen wollen und daher das Gespräch abbrechen.
2. Gehen Sie für eine Weile, in der Regel mindestens 20 Minuten, getrennte Wege. In dieser Zeit machen alle bewusst etwas anderes, lenken sich ab, bewegen sich vielleicht, gehen mit der Aufmerksamkeit bewusst aus dem Streitthema heraus.
3. Prüfen Sie nach einer Weile, wie viel »Ladung« das Thema noch

für Sie hat, indem Sie wieder an den Streit denken. Lässt der Ärger Sie innerlich sofort wieder an die Decke gehen? Dann sollten Sie die Pause noch weiter aufrechterhalten. Können Sie an die kritischen Punkte der Auseinandersetzung denken, ohne dass Sie sofort wieder aufgebracht sind? Gut, dann kann es Zeit für den nächsten Schritt sein.

4. Stellen Sie sich, so unabhängig von Ihrem gerade verrauchten Ärger wie möglich, die Frage: »Ist das Thema, an dem sich der Konflikt entzündet hat, wirklich wichtig und einen Streit wert?«
   a. Ist die Antwort »Nein, wir sind gerade einfach nur aneinandergeraten, aber wirklich wichtig ist es nicht«, lassen Sie den Konflikt los. Lassen Sie unterschiedliche Meinungen bestehen, beharren Sie nicht unnötig, und versuchen Sie nicht, den Streit »zu gewinnen«. Prüfen Sie vorsichtig, ob die andere Seite auch schon »abgekühlt« ist, und versuchen Sie einen versöhnlichen Schritt aufeinander zu. Das kann, je nach involvierten Persönlichkeiten und Temperamenten, ganz unterschiedlich aussehen. Manchen Kindern und Jugendlichen hilft es, wenn sie, auch wenn noch gegrummelt und »nachgemault« wird, in den Arm genommen werden. Anderen hilft ein Scherz über den Streit hinweg oder die Aussage: »Oh wow, da sind wir aber aneinandergerasselt, wir beide. Alles okay?« Tun Sie bitte nicht einfach so, als sei nichts gewesen, das kann kränkend sein und dazu führen, dass das Thema allein deshalb festgehalten werden muss.
   b. Ist Ihre initiale Antwort »Ja«, so fragen Sie sich als Nächstes, ob das Thema grundsätzlich wichtig ist oder ob es tatsächlich hochakut in diesem speziellen Moment geklärt werden muss. Muss es genau jetzt ausgekämpft werden oder ist es ein »Dauerbrenner«, den Sie schon kennen?

c. Ist die Antwort »Dauerbrenner«, dann parken Sie das Thema, und sagen Sie, sobald sich die Gemüter beruhigt haben, etwas wie: »Das ist ein wichtiges Thema, das wir schon kennen und für das wir noch keine Lösung haben. Lass uns weitersprechen, wenn wir sicher sind, dass alle Köpfe wieder abgekühlt sind, damit wir eine gute Lösung finden.« Schreiben Sie das Thema vielleicht auf, damit niemand das Gefühl hat, es würde nur weggeschoben, und kommen Sie darauf zurück.
d. Ist die Antwort »Wichtig, muss sofort gelöst werden«, setzen Sie sich für den Moment ganz bewusst nur das Ziel, eine Zwischenlösung zu finden, die eine erneute Eskalation verhindert und mit der alle vorübergehend leben können. Wenn alle aufgebracht sind, ist nicht die richtige Zeit, um große Themen in allen Einzelheiten zu klären. Und es darf auch nicht darum gehen, Recht zu behalten oder den Streit »nicht zu verlieren«. Damit würden Sie den Konflikt nur selbst beschleunigen. Vertagen Sie die grundsätzliche Klärung und kommen Sie aktiv darauf zurück.

Achten Sie bitte sehr auf Ihre innere Haltung bei diesem Vorgehen, sie ist der Dreh- und Angelpunkt. So wie Sie die Pause in der Eskalation nicht einläuten, um Macht zu demonstrieren, sollten Sie auch während der Auszeit, in der alle eigene Wege gehen, um abzukühlen, keinesfalls hart oder strafend handeln. Es geht nicht darum, den Kontakt abzubrechen, die Haltung ist vielmehr: Wir geben uns gegenseitig Raum und Zeit, so viel, wie wir gerade brauchen und aushalten können. Das ist ein gemeinsamer Schritt. Machen Sie deutlich, dass Ihre Beziehung ein verlässlicher roter Faden ist, der diesen Streit mühelos überdauert, auch wenn es sich gerade heftig anfühlt. Die Botschaft muss sein: »Mit uns ist alles in Ordnung, das ist nur eine Welle, die uns erwischt hat.« Bitte achten Sie bei jüngeren Kindern unbedingt darauf, wie Sie die Auszeit gestalten. Alle müssen sich zu jeder Zeit sicher und nicht zusätzlich beunruhigt fühlen, das stünde dem Sinn der Auszeit völlig entgegen. Bleiben Sie zum Beispiel im selben Raum, erkennen Sie den richtigen Moment, um zu trösten, machen Sie Vorschläge zum Ablenken – und gehen Sie als gutes Beispiel voran: Zeigen Sie, wie es geht, den eigenen Kopf wieder zu beruhigen. Verlangen Sie nicht von Ihrem Kind, dass es sich sofort versöhnlich oder nachgiebig zeigt. Mit Ärger aufeinander, dem Gefühl, ungerecht behandelt zu werden und mit Konflikten umzugehen, das ist ein Lernprozess, der selbst uns Erwachsenen oft genug schwerfällt. Bleiben Sie bei Ihrem Vorgehen und respektieren Sie, wenn Ihr Kind dabei schlecht gelaunt oder immer noch unversöhnlich wirkt. Immerhin hatten Sie gerade einen Streit!

Tipp 3: Schnecken nicht schütteln und Haien nicht ins Maul fassen

Ein recht banal wirkender Tipp auf den ersten Blick, oder? Und doch ist es genau das, was vielen Menschen in unzähligen Streits immer und immer wieder passiert.

Das Bild von der Schnecke und dem Hai illustriert verschiedene mögliche Reaktionen von Menschen – auch Kindern – auf großen Stress: Manche Kinder reagieren auf Konflikte oder Kritik durch Rückzug und Verschlossenheit, wie Schnecken, die sich in ihr Häuschen zurückziehen. Andere hingegen gehen, wenn sie nicht mehr ausweichen können, blind zum Angriff über, wie kämpfende Haie.

Beide Zustände sind Stressreaktionen, die nicht dem freien Willen unterworfen und, einmal ausgelöst, äußerst stabil sind. Weder durch Druck noch gute Worte können sie aufgelöst werden. Wenn Sie also erkennen, dass Sie plötzlich einer Schnecke oder einem Hai gegenüberstehen, versuchen Sie nicht, auf Einsicht zu setzen oder »durchzugreifen«. Die Ebene Ihres Kindes, die dafür zuständig ist, einzulenken oder Ihre Sicht der Dinge zu verstehen, ist in diesen Momenten nicht erreichbar. Das Einzige, was dabei hilft, das schützende Schneckenhaus oder den Angriffsmodus wieder zu verlassen, ist ein Absinken des Stresslevels. Mehr Druck wird bestenfalls wirkungslos bleiben, in aller Regel aber den Stress noch weiter erhöhen und damit den Zustand verlängern, ganz so, als würden Sie die kleine Schnecke schütteln, damit sie aus ihrem Häuschen kommt, oder dem aufgeregten Hai ins Maul fassen, um ihn zu stoppen.

Gewähren Sie in diesen Situationen unbedingt Zeit und Raum, damit sich Ihr Kind beruhigen und regulieren kann. Hier gilt, wie auch schon bei Tipp 2, dass diese Auszeit keinem Kontaktabbruch Ihrerseits gleichkommen darf. Stattdessen muss sie ausdrücken, dass Sie respektieren, dass es bereits zu viel ist und dass Sie da sind, ohne Druck zu machen. Vielleicht zieht sich Ihr Kind sauer zurück, vielleicht verkriecht es sich für eine Weile im eigenen Zimmer und wirkt abweisend und ablehnend, vielleicht knallt eine Tür. Ermöglichen Sie ihm bewusst, was es braucht, um Abstand zu gewinnen. Seien Sie möglichst versöhnlich, wenn es wieder aus diesem anstrengenden Stresszustand »auftaucht«. Nutzen Sie die Zwischenzeit dafür, sich selbst zu beruhigen, und machen Sie nicht den Fehler, beim ersten Kontakt nahtlos wieder an das Konfliktthema anzuknüpfen oder den »Hai- oder Schneckenzustand« zu bewerten oder gar zu verurteilen, in dem sich Ihr Kind befand. Beide sind ein Zeichen dafür, dass der Stress viel zu groß war, um ihn noch anders zu regulieren, ob Sie das nachvollziehen können oder nicht. Bitte nehmen Sie das ernst und strahlen Sie aus: »Mit uns ist alles in Ordnung. Das war gerade heftig – für uns beide. Lass uns schauen, was es jetzt braucht.«

Implizieren Sie bitte nie, dass Ihre Beziehung in Gefahr ist, weil Ihr Kind sich (unfreiwillig und aus Not) so verhält, wie es sich verhält. Damit erhöhen Sie die Anspannung nur noch und vergrößern die Wahrscheinlichkeit sogar, dass Ihr Kind unter Stress in ein »Notfallprogramm Schnecke« oder »Notfallprogramm Hai« gerät. Außerdem würde Ihr Kind so lernen, dass Ihre Beziehung zueinander nicht bedingungslos ist, sondern von seinem Verhalten abhängt. Das ist ein hoher Preis, den beide Seiten zahlen werden.

Das Zuhause muss ein Ort sein, an dem Kinder Gefühle, auch schwierige, ohne Angst ausdrücken können und Hilfe im Umgang mit ihnen bekommen. Dann wachsen sie, auch an Krisen, und werden sichere Erwachsene, die einen guten Kontakt zu sich selbst haben und kluge Entscheidungen treffen.

Tipp 4: Schlagen Sie nicht über die Stränge

Kindern sollte die Freiheit gewährt werden, sich nach einem Streit frustriert und uneinsichtig zu zeigen. Es ist ein Denkfehler zu glauben, ein Konflikt sei erst dann zufriedenstellend beigelegt, wenn die eigene Meinung durchgesetzt ist und alle anderen von ihr überzeugt sind. Wenn wir nach diesem Prinzip handeln, lernen Kinder weder ihre Gefühle auszudrücken noch Kompromisse einzugehen. Auch lernen sie nicht, etwas auszuhalten, was sie nicht gut finden, ohne dabei ihre Meinung zu verleugnen. Diese Qualitäten sind viel komplexer und wertvoller, als einfach nur

»fürs Gewinnen« kämpfen zu lernen. Es geht nicht darum, dass eine Seite gewinnt und die andere verliert.

Verlangen Sie von Ihrem Kind also weder, dass es sich Ihrer Meinung anschließt, noch dass es die eigene Meinung verleugnet. Erkennen Sie an, dass Ihr Kind eine andere Meinung hat als Sie. Das heißt nicht, dass Sie keine Ansage machen können oder entscheiden, was in einer Situation getan werden muss. Nur verlangen Sie nicht, dass Ihr Kind klein beigibt.

Die Lösung eines Konflikts kann auch darin bestehen, dass Sie sich darauf einigen, dass Sie sich nicht einig sind. Sagen Sie zum Beispiel: »Wir machen das jetzt so, daran geht kein Weg vorbei. Und ich verstehe gut, dass du das doof findest.« Das benennt und respektiert klar beide Seiten und ist für alle nachvollziehbar.

Nachvollziehbarkeit und Fairness sollten sich auch durch Ihr Verhalten ziehen, wenn etwas passiert, das in Ihrer Wahrnehmung eine Konsequenz erforderlich macht. Diese sollte unbedingt einen Bezug zum Vorfall haben, auf den sie folgt. Sonst ist es keine Konsequenz, sondern eine Machtdemonstration, die wiederum darauf abzielt, dass eine Partei gewinnt und die andere verliert. Daraus können Gräben entstehen, die den eigentlichen Streit lang überdauern und die Verbindung miteinander erschweren.

Was genau ist der Unterschied zwischen einer Strafe und einer logischen Konsequenz? Ein Beispiel: Alexander kommt vom Fußballspiel und läuft entgegen allen Absprachen mit den Stiefeln einmal quer durch die Wohnung in sein Zimmer. Der Flur ist voller Matschkrümel und Strohreste. Ein dreitägiges Handyverbot für ihn hat keinen Zusammenhang zu dem, was passiert ist und ist damit eine Strafe. Den Flur selbst saugen und wischen zu müssen hingegen (übrigens auch mit Unterstützung, wenn notwendig) ist eine logische Konsequenz, weil sie in Bezug steht zu dem, was zum Problem geworden ist und dieses sogar wiedergutmacht. Das heißt, logische Konsequenzen ergeben sich nachvollziehbar aus der Situation und werden von allen Beteiligten verstanden. Es gibt immer einen Zusammenhang zwischen dem, was passiert ist, und dem, was daraus folgt.

Manchmal ergibt sich die logische Konsequenz schon aus der Situation selbst, zum Beispiel, wenn das Handy voller Zorn auf den Boden geworfen wird und kaputtgeht oder das Kippeln auf dem Stuhl zu einem Sturz mit Beule am Kopf führt. In diesen Fällen führen Sie sich bitte vor Augen, dass die Konsequenz des eigenen Handelns bereits deutlich geworden ist! Das kaputte Handy oder der schmerzhafte Schreck, beides macht bereits deutlich, dass das eigene Verhalten mit »Kosten« verbunden war. Keinesfalls braucht es in dieser Situation zusätzlich eine Reaktion wie: »Das geschieht dir recht.« Oder: »Siehst du, das hast du dir nun selbst eingebrockt.« Solche Äußerungen sind Ausdruck des eigenen Ärgers und unangemessen, wenn ein Kind gerade Schmerzen hat oder damit zurechtkommen muss, dass es sich selbst etwas verbaut hat. Nicht immer liegt eine logische Konsequenz auf der Hand und die Übergänge zum Strafen sind fließend. Das sollten wir uns klarmachen und lieber einmal zu viel als zu wenig nachdenken.

Eine wichtige Ergänzung zum Thema Konsequenzen ist, dass Sie niemals dadurch strafen sollten, dass Sie den Kontakt zu bestimmten Menschen verbieten. Nicht durch: »Deine Verabredung heute Nachmittag kannst du vergessen«, oder: »Fußballtraining ist fortan gestrichen«. Auch nicht durch: »Wenn du so bist, fällt der Besuch bei Oma am Wochenende eben aus.« Die Verbindung zu anderen ist, wie an unterschiedlichen Stellen dieses Buches beleuchtet, ein tiefes Bedürfnis von uns allen. Besonders in Krisenzeiten, in denen Orientierung und Verbindung dringend für unsere Stabilität benötigt werden. Rauben Sie Ihrem Kind auf keinen Fall die Möglichkeit, sich mit den Menschen zu verbinden, die ihm gerade Stabilität geben, vor allem nicht, wenn es gerade einen Konflikt gegeben hat. Vielleicht denken Sie: »Aber das ewige Gekicher am Telefon oder das endlose Reden über irgendein Online-Spiel sind doch keine bedeutungsvollen Begegnungen. Das wird jetzt mal untersagt.« Aber wahrscheinlich irren Sie sich mit dieser Annahme. Was für Menschen, die das Teenageralter bereits hinter sich gelassen haben, auf den ersten Blick oberflächlich wirken mag, ist ebenso bedeutsame Beziehungsgestaltung wie die, die wir selbst praktizieren. Deshalb prüfen Sie Ihre Schritte, und denken Sie bitte auch daran, dass Medienentzug häufig dem Entzug von Freundschaften gleichkommt.

Und zuletzt: Seien Sie nachsichtig mit sich selbst. Auch Sie erleben gerade eine belastende Zeit, die Sie Kraft kostet, vielleicht sogar immer wieder an Ihre Grenzen bringt oder gar darüber hinaus zwingt. Da kann es leicht sein, dass Sie auf einen Streit oder eine Auseinandersetzung in der Familie zurückblicken und denken: »Das war viel zu heftig, so hätte ich nicht reagieren dürfen.« Sollten Sie eine solche Situation erleben, nutzen Sie Ihre Reue oder die Enttäuschung über Ihren Ausrutscher, um das nächste Mal anders zu reagieren. Das lässt sich vorbereitend gut üben:

1. Versetzen Sie sich dazu gedanklich zurück in die Situation, die unschön ausgegangen ist. Schauen Sie sich diesen Rückblick wohlwollend und liebevoll noch einmal mit der Zielsetzung an, den Moment zu erkennen, in dem ein anderes Handeln durch Sie vielleicht zu einem anderen, friedlicheren Ergebnis geführt hätte.
2. Probieren Sie gedanklich mehrere Versionen aus, in denen Sie – ruhig und mit dem Wissen, das Sie jetzt über den Verlauf des

Gesprächs oder Streits haben – ausprobieren, was Sie anders hätten machen können.

- Was sagen Sie? Was auf keinen Fall?
- Was tun Sie, um sich selbst im Griff zu behalten?
- Wie schnell und auf welche Weise beenden Sie das Gespräch, damit es nicht »knallt«?

3. Experimentieren Sie einfach ein wenig herum und lassen Sie sich weder dadurch beirren, dass »es nun einmal so gelaufen« ist, noch dadurch, dass Sie denken: »So bin ich eben, das passiert jedes Mal.« In Ihrer Vorstellung haben Sie alle hilfreichen Fähigkeiten zur Verfügung.
4. Schauen Sie, wie sich das anfühlt, wenn Sie in Ihrer Vorstellung eine Version finden, die friedlicher verläuft und zu weniger Verletzung bei Ihnen und anderen führt. Machen Sie sich klar, dass alles, was wir uns vorstellen können, schon in uns schlummert. Die gedankliche Auseinandersetzung mit dem, was wir gern getan hätten, kann helfen, diese Fähigkeiten zu wecken und ihnen bereits einen Schritt näher zu kommen.

Tipp 5: ***Wiedergutmachungen machen es wieder gut***

Konflikte sind schmerzhaft und tragen die Gefahr in sich, verletzt zu werden und andere zu verletzen. Davor ist niemand von uns gefeit. Wie schön, dass wir nicht auf erlebten oder selbst verschuldeten Verletzungen sitzen bleiben müssen, sondern die Möglichkeit haben, uns auszusprechen, uns zu entschuldigen und Dinge wiedergutzumachen. Das Wort Wiedergutmachung zeigt auf wunderbare Weise, dass es Handlungen gibt, die anerkennen, dass etwas Schmerzhaftes passiert ist – und es dafür eine andere Handlung als Gegengewicht braucht.

Ihre Regeln für Entschuldigungen und Wiedergutmachungen sollten dabei für alle Familienmitglieder gleichermaßen gelten. Das heißt, dass sich niemand zu schade dafür ist, um Entschuldigung zu bitten, wenn das eigene Verhalten eine Verletzung hinterlassen hat, ob beabsichtigt oder unbeabsichtigt, ob wissentlich oder unwissentlich. So lernen Kinder, dass uns allen Fehler passieren, dass wir alle mal jemanden vor den Kopf stoßen oder durch unser Verhalten verletzen. Auch auf diesem Feld lernen die Kleinen von den Großen. Sie müssen erleben und sehen, wie es geht, um Verzeihung zu bitten, ein Missverständnis oder einen schmerzhaften Ausrutscher auszuräumen, mit den anderen mitzufühlen und die Perspektive zu wechseln. Gehen Sie also mit gutem Beispiel voran! Dann können Kinder selbst ausprobieren, wie das mit dem Entschuldigen geht und wie schön es sich anfühlt, etwas wiedergutzumachen und sich zu versöhnen. Dann sind Fehler nicht schädlich und ängstigend, sondern ein normaler Teil des Lebens, der nicht hilflos macht, sondern zu neuen Kompetenzen führt.

Wichtig für diesen Lernschritt ist, dass Entschuldigungen und Wiedergutmachungen keine Plattitüden oder versteckte Strafen sind. Sie müssen in einer gemeinsamen Haltung gegenseitiger Zugewandtheit verwurzelt sein und halten, was sie versprechen – und zwar, dass es hinterher wieder gut ist!

Es muss nicht allein gehen – Hilfe finden

Zu irgendeiner Zeit in unserem Leben konnten wir es alle einmal: spüren, dass wir allein nicht klarkommen – mit dem Alleinsein, mit einer Aufgabe, mit unseren Gefühlen – und um Hilfe bitten. Manche Menschen dürfen diese Fähigkeit bewahren und vom Kindesalter mit in ihr Erwachsenenleben nehmen. Andere verlieren die Selbstverständlichkeit im Umgang mit den eigenen Grenzen oder lernen sogar, dass es besser ist, keine Hilfe zu brauchen. Dann stehen die eigenen Ansprüche oder Angst vor Abhängigkeit im Weg.

In Krisenzeiten kann es sehr wichtig werden, sich darauf zu besinnen, wie normal es ist, Unterstützung zu brauchen. Es ist kein Zeichen von Schwäche, sondern dafür, dass wir uns eine wertvolle Fähigkeit erhalten oder zurückerobern konnten.

Vielleicht müssen wir zunächst ein paar unangenehme Gefühle aushalten, weil es so ungewohnt ist. Vielleicht fühlt es sich zunächst ein wenig beschämend an, offenzulegen, dass es allein nicht (mehr) geht. Versuchen Sie, diese Gedanken zwar wahrzunehmen, ihnen aber nicht zu viel Raum zu geben. Sie können sonst dazu führen, dass wir länger durchhalten, als es klug ist und das Thema größer wird, als es werden muss. Es geht bloß um das Organisieren von Hilfe, nicht mehr!

Es ist gesund und kompetent und in vielen, vielen Situationen die weitaus klügere Lösung, sich rechtzeitig ein gutes Team zusammenzustellen, als allein weiterzukämpfen. Sie haben nicht nur die Möglichkeit, sondern ein Anrecht auf Unterstützung. Nutzen Sie es.

Im folgenden Abschnitt finden Sie Erklärungen zu verschiedenen Hilfsangeboten. Unter »Notfallmaßnahmen – wenn Sie sofort Hilfe brauchen« und »Unterstützungsmöglichkeiten für Sie und Ihre Familie« finden Sie zentrale, bundesweit erreichbare Angebote und Hilfe-Portale, die übersichtlich Einrichtungen für alle möglichen unterschiedlichen Anliegen vorstellen. So können Sie unkompliziert das für Sie passende Angebot aussuchen. Leider ändern Online-Portale und auch Einrichtungen von Zeit zu Zeit ihr Angebot. Alle empfohlenen Links sind zum Zeitpunkt der Veröffentlichung dieses Buches aktuell.

Notfallmaßnahmen – wenn Sie sofort Hilfe brauchen

Wenn Sie umgehend Hilfe benötigen, erreichen Sie rund um die Uhr folgende Einrichtungen:

Telefonseelsorge

Die Telefonseelsorge bietet rund um die Uhr kostenfreie und auf Wunsch auch anonyme Beratung am Telefon, im Chat, per E-Mail, an 25 Standorten auch persönlich.

Telefon **0800 111 0 111 oder 0800 111 0 222**
Online **www.telefonseelsorge.de**

Rettungsdienst

Wenn Sie einen Rettungswagen oder notärztliche Versorgung benötigen, weil Sie verletzt, akut erkrankt oder in Lebensgefahr sind, rufen Sie bitte Hilfe über die zuständige Rettungsleitstelle.

Telefon 112

In Gefahrensituationen für sich oder andere rufen Sie bitte die Polizei.

Telefon 110

Psychiatrische Notaufnahmen

Wenn Sie eine psychiatrische Notbehandlung benötigen oder ggf. stationär psychiatrisch aufgenommen werden möchten, können Sie jederzeit in die für Sie zuständige Notaufnahme eines Krankenhauses mit psychiatrischer Abteilung und Ambulanz gehen.

Einen Überblick über die psychiatrische Versorgung in den einzelnen Bundesländern finden Sie, wenn Sie folgenden Weg auf der Seite www.psychenet.de nehmen:

- Öffnen Sie die Seite **www.psychenet.de**
- Klicken Sie auf Hilfe finden
- Klicken Sie auf Schnelle Hilfe
- Klicken Sie auf Soforthilfe
- Klicken Sie unter der Überschrift »Psychiatrische Notaufnahmen« auf Überblick über die psychiatrische Versorgung
- Wählen Sie für nähere Informationen Ihr Bundesland aus

Ärztlicher Bereitschaftsdienst

Der Ärztliche Bereitschaftsdienst ist für die ärztliche Versorgung von Menschen zuständig, die zwar keinen medizinischen Notfall haben, aber nicht bis zur nächsten regulären Sprechstunde einer ärztlichen Praxis warten können.

Telefon 116 117

Unter dieser Rufnummer werden Sie nach Eingabe Ihrer Postleitzahl an den jeweils für Ihre Region zuständigen Bereitschaftsdienst weitergeleitet.

Online www.116117.de

Auf der Homepage haben Sie unter Eingabe Ihrer Postleitzahl die Möglichkeit, Notfallpraxen zu finden.

Bei einem medizinischen Notfall oder bestehender Lebensgefahr rufen Sie bitte den Rettungsdienst unter der Telefonnummer 112.

Unterstützung für Sie und Ihre Familie

Die Unterstützungsangebote für Sie und Ihre Familie sind vielfältig und regional durchaus unterschiedlich. Daher kann es sich lohnen, Informationen konkret für Ihre Region zu recherchieren. Unabhängig davon gibt es bundesweit verfügbare Angebote, die hier kurz vorgestellt und erklärt werden sollen.

Telefonseelsorge

An die Telefonseelsorge können sich alle Menschen mit allen möglichen Anliegen wenden. Immer wenn Sie das Gefühl haben,

Kontakt zu einem anderen Menschen könnte helfen, ist die Telefonseelsorge für Sie erreichbar und geschulte Mitarbeiter*innen helfen dabei, die Gedanken zu sortieren, Sorgen zu teilen und Perspektiven zu erarbeiten.

Die Telefonseelsorge bietet rund um die Uhr kostenfreie und auf Wunsch auch anonyme Beratung am Telefon, im Chat, per E-Mail, an 25 Standorten auch persönlich.

Telefon **0800 111 0 111 oder 0800 111 0 222**
Online **www.telefonseelsorge.de**

Nummer gegen Kummer

Die »Nummer gegen Kummer« ist eine Online- und Telefonberatungsstelle bei Sorgen, Problemen und Ängsten für Kinder, Jugendliche und Eltern. Elternberatung findet telefonisch, Kinder- und Jugendlichenberatung telefonisch oder online statt. Die Beratung ist anonym und kostenfrei.

Elterntelefon **0800 111 0 550**
Kinder- und Jugendtelefon **116 111**

Bundeskonferenz für Erziehungsberatung bke

Die bke bietet Online-Beratung für Eltern und Jugendliche an. Dabei stehen in der kostenfreien und anonymen Elternberatung Einzelberatungen, aber auch Einzel- und Gruppenchats zur Verfügung. Sie finden also sowohl ein Angebot zur professionellen Erziehungsberatung als auch Austausch mit anderen Eltern zu allen Fragen, Sorgen und Nöten rund um das Thema Erziehung.

Die ebenfalls anonyme und kostenfreie bke-Jugendberatung stellt die Entwicklung junger Menschen in den Mittelpunkt und findet mittels E-Mail-Beratung, Einzel- oder Gruppenchat statt. Alle Angebote sind über **www.bke.de** erreichbar.

Beratungsstellen

Es gibt Beratungsstellen zu vielen verschiedenen Fragestellungen und Themen. Sie versorgen ratsuchende Menschen mit Informationen, helfen dabei, einen Überblick in schwierigen Situationen zu bekommen und begleiten, wenn es allein nicht (gut) geht.

Es gibt Angebote, die bundesweit zur Verfügung stehen und andere, die regional unterschiedlich sind. Einen guten Überblick über das Angebot in Ihrer Region finden Sie über die folgenden Hilfe-Portale:

Auf **www.familienportal.de** finden Sie unter »Meine Lebenslage« eine große Auswahl passender Beratungsstellen samt weiterführender Informationen und Adressen.

Unter **www.bke.de** finden Sie unter der Rubrik »Für Ratsuchende« ebenfalls eine umfangreiche Beratungsstellen-Suche.

Psychotherapie

Wenn Sie einen Psychotherapieplatz suchen, finden Sie auf beiden der folgenden Seiten eine Suchmaschine, mit der Sie die Angebote in Ihrer Region entsprechend Ihren Bedürfnissen filtern können.

Beim Psychotherapie-Informationsdienst der Deutschen Psychologen Akademie des Berufsverbandes Deutscher Psychologinnen und Psychologen e.V. (BDP) unter: **www.psychotherapiesuche.de** können Sie viele verschiedene Suchkriterien eingeben oder sich persönlich am Telefon zu Ihrer Suche nach einem Therapieplatz beraten lassen. Außer den normalen Telefonkosten entstehen keine zusätzlichen Kosten.

Die Bundespsychotherapeutenkammer (BPtK) leitet Sie auf ihrer Seite **www.bptk.de** unter dem Menüpunkt »Patient*innen« durch Anklicken Ihres Bundeslandes an die zuständige Landeskammer weiter. Dort können Sie über die Therapeut*innen-Suche nach Psychologischen Psychotherapeut*innen und Kinder- und Jugendlichenpsychotherapeut*innen in Ihrer Region suchen.

Psychiatrische Versorgung

Die psychiatrische Versorgung befasst sich vor allem mit psychischen Erkrankungen, bei denen die medikamentöse Therapie eine Rolle spielen könnte.

Sollten Sie nach einer ärztlich psychiatrischen Anbindung suchen, können Sie ein passendes ambulantes Angebot unter **www.kbv.de** finden. Suchen Sie dort über den »Service für Patienten« unter »Arztsuche«.

Würdigung und Dank

So, wie das Buch begonnen hat, soll es auch enden.

Mit der dankbaren Würdigung all der Menschen, deren Wissen ich verinnerlichen durfte, sodass es Teil dieses Buches werden konnte. All der Eltern und Bezugspersonen, meiner Lehrer*innen und all der Autor*innen, deren Erleben, Gedanken, Worte und Taten mich inspiriert und weitergebracht haben. Wir alle entdecken, lernen, haben oder integrieren Ideen, verknüpfen diese mit anderen und lassen daraus Neues entstehen. Manchmal ist es dann gar nicht so eindeutig zuzuordnen, wo der Ursprung oder die Ursprünge eines bestimmten Gedankens lagen und welche Weiterentwicklung an welcher Idee angesetzt und diese fortgeführt hat. Dieses Buch ist von vielen wertvollen Ideen großartiger Menschen gespeist. Ihnen allen gilt mein Dank.

Genauso wie SaBine Büchner. Du weißt, wie Zaubertiere aussehen und auf welcher Insel Drachen wohnen und welche Morgen- und Abendübungen kleine Möwen ausführen sollten. Deine Bilder, die ich liebe, geben Worten auf unvergleichliche Weise ihre Gestalt, auf dass sie sichtbar werden.

Des Weiteren geht mein Dank an Ina Raki. Ein weiteres gemeinsames Buchprojekt, bei dem du es mit deiner Unerschütterlichkeit und deinem unvergleichlichen Talent zur Ermutigung geschafft hast, dass ich den Verstand behalte.

Und ich danke Wiko. Du, als eins von vier Lichtern, verstehst mich wie kaum ein anderer Mensch auf der Welt und hast Worte für das gefunden, was zwar in meinem Kopf war, ich aber nicht formulieren konnte.

Und Simon, der die Zeiten, in denen ich schreibe, mit allen Hochs und Tiefs immer aufs Neue akzeptiert und mitträgt. Ohne dich ginge es nicht.

Zuletzt gilt meine Dankbarkeit allen Menschen, die in meinen Lebenskrisen an meiner Seite waren. Ihr habt mich an meine Kraft erinnert, mich abgelenkt, mich getröstet und euch im richtigen Moment auch getraut, schonungslos ehrlich zu sein, damit ich die nötigen Schritte schaffe. Die Auseinandersetzung mit diesem Buch hat mich tiefer denn je erkennen lassen, wie gesegnet ich mit euch bin.

Einige Bücher, die den Kompass inspiriert haben und Tipps zum Weiterlesen

Berg, Fabienne: Übungsbuch Resilienz: 50 praktische Übungen, die der Seele helfen, vom Trauma zu heilen. Junfermann Verlag 2014

Brooks, Robert; Goldstein, Sam: Das Resilienz-Buch: Wie Eltern ihre Kinder fürs Leben stärken. Klett-Cotta, 2. Auflage 2020

Dana, Deb: Arbeiten mit der Polyvagal-Theorie: Übungen zur Förderung von Sicherheit und Verbundenheit. G. P. Probst Verlag 2021

Kern, Tita: Leuchtturm sein. Trauma verstehen und betroffenen Kindern helfen. Kösel-Verlag 2019

Kern, Tita; Rinder, Nicole; Rauch, Florian: Wie Kinder trauern. Ein Buch zum Verstehen und Begleiten. Kösel-Verlag 2017

Kornfield, Jack: Das weise Herz: Die universellen Prinzipien buddhistischer Psychologie. Arkana 2008

Mik, Jeannine; Teml-Jetter, Sandra: Mama, nicht schreien! Liebevoll bleiben bei Stress, Wut und starken Gefühlen. Kösel-Verlag 6. Auflage 2021

Porges, Stephen W.: Die Polyvagal-Theorie und die Suche nach Sicherheit: Traumabehandlung, soziales Engagement und Bindung. G. P. Probst Verlag, 4. Auflage 2021

Walker, Pete: Posttraumatische Belastungsstörung. Vom Überleben zu neuem Leben: Ein praktischer Ratgeber zur Überwindung von Kindheitstraumata. Unimedica 2019

Übungsverzeichnis